Rudolf Langer · Das Narrenschiff schwankt

Rudolf Langer

Das Narrenschiff schwankt

Gedichte 1978–1986

Rudolf Langer Verlag München

Wird zur Kurztitelaufnahme
der Deutschen Bibliothek gemeldet

Erste Auflage
von Nr. 1–500 stellt eine vom Autor signierte
Vorzugsausgabe dar. ISBN 3-926405-00-7
Gesamtherstellung: Friedrich Pustet, Regensburg
Umschlagphoto nach Zeichnung von Albert Birkle
„Das Narrenschiff“ 1970

Wo aber Gefahr ist wächst
das Rettende auch

Friedrich Hölderlin

Nehmt alles nur in allem
man schätzt den Staub ein wenig übergoldet
wenn die Rolle sitzt kann der Spieler gefallen
ein Narr mit nichts als seiner Lust besoldet

nach William Shakespeare

I

MÖGLICHKEITEN

Nun haben wir ach die Möglichkeit verspielt
trocknen Fußes an Land zu gehen
Wo das Narrenschiff auch hält es wühlt
die See von tief unten kommt das Wehen

Papierdrachen

Zu einer Zeit als das Mädchen
erblindete an dem Luxus
der Schaufensterauslagen
die Druckfahnen für ALLES oder NICHTS
fließend als Meterware ausgestoßen
ganze Bücher purzelbaumschlagend
aus selbstsicheren Maschinen schossen
gab es weit und breit keinen Bedarf
keinen Verleger für mitteilsame Gedichte
Daher gehen sie eigenmächtig die Strecke lang
um die Gleise abzuklopfen der Sage nach
ob das Klingen gehört wird auf der Bahn

Mit der Laterne

Wir sind nicht hinterm Berg geblieben
wo man Zwerge wirken läßt mit Wundern
haben lebende Figuren durch Fiktion
gewonnen zum Hassen und zum Lieben

In der Zerrissenheit das Ich finden
die Träne und das heitere Band abschneiden
das Wort verknüpft mit manchen Ahnungen
im Erscheinen und Verschwinden

Jeder Satz ein Schwanengesang im Sinne
von Proust ließe sich an Fugen zeigen
wie sich eine Wiedergeburt ereignet
und wir halten bei Täuschungen inne

Vor der Wende des Blattes

Wende das Blatt
sagt die Hand

Bald kommt das Untere
heiter nach oben

was schreit wird still
Warum zauderst du noch

wenn du das Blatt wenden kannst?
Wer gibt deiner Hand Befehle?

Schüttelt uns ab

Leben wie Laub
wirft uns ab
achtlos oder bedenklich
wenn es uns nützt
uns schadet entfernt
Wärme entzieht Hoffnung –
den Engel im Baum sahen wir
nicht sitzen zu der Zeit
schüttelt uns ab jetzt
machtlos geworden

Ich kann das nicht

Ich kann das nicht im Gedicht
Rosen zerbrechen
Grenzpfähle anerkennen
ein Kaufhaus stürmen
den Himmel für unsere Ungerechtigkeit
einnehmen und denkend
ohne Freunde auskommen
das macht mein Gedicht nicht mit
Retten was noch zu retten ist
ehe die Fälscher am Werk

Zwielicht (1948)

Es senkt sich ein Schmerz ins Weltgesicht:
das untermalende Grau des Dämmers
Konturen ziehender Rinderleiber
braunes Geläut und sammelnde Heimkehr
Glühend steht der Hügel Rosen über dem Hof
der Ratten: der schwarze Handel wird frech
Am Himmel flockt das Gold der Seelen

Eine Mutter sucht ihr irres Kind
vor dem Auftritt der Gespenster
da der eisblaue Baum im Zug
des salzigen Windes vibriert
Der Amboß der Schmiede klingt aus ein metallisches
Lied Ihren Wein trinken aber die Liebenden allein
auch wenn sie mit Freunden die letzte Nacktheit teilen
Über den Gräbern steht der sanfte Stern

Hochzeit (1948)

Die verstummten Lieder der großen Vögel tönen fort
schwärzlicher Rauch steigt auf zum Himmel
wie eine dumpfe menschheitliche Klage:
auf der Erde blüht der Klee der Liebenden
nahe dem Weizen der Mörder

Eine Wolke goldnen Staubs schäumt erneut
Frühling der Sonne Ankunft der Gestirne
des Glücks Einen hochzeitlichen Wagen ziehen
blauschwarze Pferde durch die Stadt
Es klirren die Türen der Krämer

Seiltänzer (1948)

Maske in Grün Tanz zwischen den Welten
auf gläsernem Seil
mit den balancierenden Kräften der Eingeweide
Schmerzlicher Verstand der Füße
des konzentrischen Wirbels
bei der lautlosen Übung des Wahnsinns

Trompeten glühende bluthelle Töne Stücke zur Pause
Der Tanz beginnt von neuem Othello erdrosselt seine
Desdemona auf der ewigen Bühne Ein Kind zerfällt
vor Hunger und eine Mutter beweint ihren sündigen Sohn
Hier liegen sich Liebende einander im Blut
und hoch tanzt ein junger Stern über der wilden
chaotischen Erde: im Glück der Trompeten

Bekenntnis (1948)

Wie zauberhaft leuchten die Sterne
unser aller Stern ist schwarz
und auf ihm haust die Angst
und auf ihm sterben ist mild
der Tod steht neben der Sonne

Die Lebenden träumen und lügen Träume
Die Toten schweigen verschweigen die Sünde
Die Wahrhaftigen heißt man Brüder des Wahnsinns
eines nihilistischen Jahrhunderts
Die Unehrlichen Schmeichlerischen gefallen

In mir sind die Unbenamten lebendig
die Männer die von früh bis nachts ihre Pflicht tun
und noch etwas mehr: nämlich denken Die eine Sache
beim Namen nennen und für den Frieden eintreten
für einen verdienten Lohn und für eine Idee etwas wagen
und die die schrecklichen Spekulanten hassen

Irdisches Licht (1948)

Über der Not
reiche die Hand
breche das Brot
teil das Gewand
über dem ICH erlebe dein Glück
Wo steht dein Haus
wo blüht dein Baum
was geht dir aus?
Kennst Elend kaum
hörst fernes Schreien
irdisches Licht in dunkler Zelle
wen wirst du befreien?

Nebel im November (1948)

Wolken kriechen silbergrau
undurchsichtig schwer dahin
gläsern splittrig liegt der Tau
wie die Welt in meinem Sinn

Ferngerückt sind Wald und Haus
einsam stehen Glück und Stern
feuchter Nebel schließt sie aus
ach ich fände sie heut gern

Mystisch tiefes Schweigen hüllt
mich im Grau unwirklich ein
und in mir erweckt das Bild
ein Gefühl von Alleinsein

Goldfische (1948)

Märchenhafte Wesen sind
wirklich da wie Luft und Wind

goldene Fische ziehen leis
scheun der Kindsgesichter Weiß

lieben eine kurze Rast
stehen in Gedanken fast

und sie schwimmen kreuz und quer
wie der Wal im großen Meer

Erwartung der Heimkehr (1948)

Junge Frau im Garten
träumt ein Erwarten
möcht er jetzt kommen
Schritte vernommen
hat sie gar bald

Steht da ein Schatten-
bild ihres Gatten
stille im Traume
nahe dem Baume
seine Gestalt?

Flüstern die Blätter
ein wenig später
ferne und leise
sind in der Weise
Schritte verhallt

Elternloses Mädchen (1947)

Die Schleife steckt im Mädchenhaar
so dunkelrot
ein Glück das augenleuchtend war
ist früh verloht

Die Puppe drückt der Arm noch fest
ans weiße Kleid
die Puppe die sich wiegen läßt
mit Kindesleid

Das flache Land läuft weit hinaus
in graue Nacht
Das Bild weist nicht ein einziges Haus
wo Mutter wacht

So steht das Mädchen herzallein
vor bangem Grund
und weiß nicht muß es Kind noch sein
mit hartem Mund

Doldenrebenstrauch (1948)

Am Zaune rankt und windet
sich rotes Doldenlaub
das in den Kranz einbindet
die blaugeperlte Traub
im kühlen Nachtwind hangend
nach hohem Licht verlangend

Es zog in roten Zweigen
ein junges Doldenblut
sich sammelnd wie ein Schweigen
in dunkler Trauben Hut
bis Frost die letzte Fülle
belegt mit rauher Hülle

O Ruch der schweren Süße
am Doldenstrauchgerank!
Ein Kommen weher Grüße
aus letztem Schwermuthang
Die blutgetränkten Blätter
zerflattert Wind und Wetter

Altes Lied Juni (1946)

Rote Schaukel mit dem Kind
Schwebt im zarten Juni-Wind;

Ringsher duftet frisches Heu,
Glut versengt die Blumen neu;

Lerchen kreisen in der Luft,
Aus dem Wald ein Kuckuck ruft;

Falter gaukeln lusterfüllt,
Silberhell der Bronnen quillt;

Froher leuchtet Mutters Mund,
Und das Kind lacht herzgesund.

Der Sämann (1946)

Abseits von der Straße hohlem Grund
und der Räder Knarren Hufe Schlagen
wo die Erde wallt so voll und rund
muß der Bauer körnigen Samen tragen

Und in einen randgefüllten Schurz
greift er fest nach einer Handvoll Samen
Und die Hand geöffnet schwungvoll-kurz
streut die Körnchen aus in Gottes Namen

Elisabeth Langgässer (1955)

†1950

Steigend in meiner Flamme
nichts Brennbares lassend
blick ich zu dir empor
möchte deinen Tod widerrufen
doch du bist zu fern
von allen Dingen aus dem Reich der Kröte
dein blasser Mund geschlossen

Deine Handschrift auf welkem Papier
meine Vertraute von einst
hauche ich an daß sie sich erhebe
und schwebe mit deiner Gestalt
Plötzlich wirst du wunderbar wahr
und machst mir Mut wie nach
der Paulskirchenrede im Jahre 1948

Worüber der Tag vergeht

Für Marieluise Fleißer
(†2. 2. 74)

Worüber der Tag vergeht
und das Jahr und der Mensch
Eben hielten wir noch eine Hand
hörten den Klang einer Stimme
sahen in ein Gesicht –
schon ist es entwichen
wie ein heiterer Strahl
stufenlos hinabgesunken
in das Unwirkliche
die hinterlassene Zeit
Dem Vergessen preisgegeben
ist sie im Windspiel mit den Steinen
noch manchmal als Raunen vernehmbar
Worüber der Tag vergeht
und das Jahr und der Mensch

Begegnung mit Karl Krolow (1973)

Er hatte bewußt die
Jalousien heruntergelassen
Draußen war Tag
vor Frühling reizlos
mit grauer Katze
über dem Weg
Darin er mit Silberhaar elegant
und Bücher über Bücher
Die Geschichte seiner Haut
und seiner Wörter
in meiner Vorstellung
Manchmal machte seine Stimme
einen Satz der eine Weile
an Buchrücken stehen blieb
Oder ein Blei senkte sich in mir
Er suchte einer bekannten
Leere auszuweichen
im Blick zu dem Jüngeren
und den Dingen die nicht sind

Dem Dichter Mörike zum Gedächtnis (1974)

Die Säulen am Musiktheater linker Hand
wie Zeigefinger aus vergangner Zeit
auch der Denkmalsplatz besteint
dahinter nochmals Säulen
in wüstes Rot getaucht am Postgebäude

Romantik wo man steht und geht
und hörte eben noch im schönen Saal
neben weißen Häuptern sitzend:
„Zwei schwarze Rößlein schrittweis gehn"
Doch bleibe das Dauernde beim Dichterwort

Es paßt so gar nicht in den Tag den Tag
der uns gemacht wie wir sind mit Haut und Haar
von Kopf bis Fuß auf Fortkommen eingestellt
und tapfer kämpfend gegen Verrat und Angst

Obwohl man längst weiß: das Schiff
mit unserer Fracht ist groß
und schwer die See kein Traumland kommt (ORPLID)
jeder tief nach Luft schnappt früh
beim ersten Schritt ins Freie
und abends spät wenn warmer Regen fällt
daß wir Freude Traum und Wirklichkeit
noch unterscheiden können ach jene
Versunkenheit nur Sterbendes erlöst

Ingolstädter Bildwechsel (1974)

Es wird immer das alte sein:
die Schattenfolge unter dem Pfeifturm
das Frühlicht
über dem Neuen Schloß
das Bremsen der Lokomotiven
im Hauptbahnhof
und das Absenken in die Stille
auf dem Westfriedhof

Und doch ist es merkwürdig hier:
die Stadt viel zu klein
sie fängt den Bildwechsel nicht auf
Mancher sieht rot im Schnee
oder ein Zittern in der Morgensonne
Manchem wird seine Ankunft
für immer verzögert
und am Abend seine Sprache geraubt
noch ehe ihn der Westwind auskühlt
Metallknöpfe glänzen unter dem Nachthimmel
und du wirst das kalte Gefühl
nicht mehr los

Unfähig zu trauern (1974)

Es ist nicht unsere Zeit
sie kann schon bald kommen
wo der Kranke hier nicht mehr stöhnen darf
unser Tod ereignislos wird
und hinter dem Sarg kein Trauerzug folgt
Wir begraben die letzten Zeugen des Anstands

Es ist nicht unsere Zeit
sie kann schon bald kommen hier
wo der Mann keinen Freund mehr kennt
die Frau auf kindische Schadenfreude lauert
und einer dem andern mißtraut
Wir neiden den Enkeln das wölfische Leben

Es ist unsere Zeit
sie wird nicht bald vergehen
wo der Mensch seine Identität verliert
und fliegt und fliegt und die rasende
Maschine nicht mehr verlassen kann
mit der er sein Gefühl und die Umwelt zerstört

Keine Ruhezone von Dauer kein Landeplatz frei
Jeder Fleck Erde wird bis zum Wahnsinn
verteidigt unfähig zu einer neuen Gemeinschaft
Abschied und Kälte sind keine Begleiter des Glücks

Es ist unsere Zeit
sie wird nicht bald vergehen
gestehen wir es uns ein: wir können dafür
Wir können nichts dafür mißbraucht
Wir werden schuldig geschieden
Wir verraten das Gute die Ruhe den Frieden
um uns alles andere leisten zu können
Ich habe die allgemeine Verzweiflung hier
aufgeschrieben jetzt tut es mir selber leid
Vielleicht wolltet ihr lieber ein kräftiges Gewitter
was ich mir die Blitze ausmalend vorläufig verschweig

Heiteres Lied für zwei Stimmen

(bewegt und locker)

Umwege macht die Liebe verquere
Irrtümer nimmt sie in Kauf
sind Tür und Tor verschlossen
gibt sich ein Teil nicht preis
Trennte nur noch ein Haar die Geliebten
vor dem Erkennen Bruch oder Glück
mit Buchstaben wird nicht entschieden
ob aus Spiellaune Handfestes wird
Was es ist: Fried oder Unfried? Wer hat
solche Wahl pocht erst einmal in ihm
der Geliebten Stimme unendliche Qual
Ihre verdeckten Zeichen tragen Glut
und Spannung in ungewissen Verlauf
Doch hätte er nicht soviel Sehnen durch sie
wäre er ein zahmer Gesell mit ernstem Gesicht
er könnte bei dem Mondschein ruhiger
schlafen gleich ob ihr Gefühl falsch oder echt

Ich bezahle die Zeche (1974)

Unter den Pappeln der Leopoldstraße
sehe ich ohne Beunruhigung
über schulterlanges Mädchenhaar
jetzt auf den Autostau

Die Augustsonne orangenfarbig
auf den Mittagstischen ein
jugendlicher älterer Herr ißt
im „Haberer“ gepfeffertes Hüftsteak
mit indischem Reis Wie geht es uns gut!

Ich darf beim Essen nicht denken
wessen Augen bei mir zu Gast sind
Fremdrassige Leute sonnen sich hier
scheu anwesend vor der Heimreise

Säße ich da nicht wirklich in München
und genau in der Zeit
wäre kein Grund zum Verreisen
in hungrige Länder in Gedanken beim Nachtisch

In den Staub mit den Feinden der Republik!
hörte ich hinter meinem Rücken sagen
meine Abwesenheit das Lächeln der andren
suchend ging ihnen zu weit Ich rufe den Ober

bezahle die Zeche. Wieviel macht es?
Bin für Ruhe und Ordnung in der Welt
bis tief nach Afrika Die Wüste dort
wäre bei uns undenkbar Wahnsinn

Atemlos singt noch ihr Mund (1975)

Durch die großen Schatten gegangen
um den Dom seltsam nichts bemerkt
den ganzen Tag über im Licht gelebt
Geräusche wahrgenommen als Musik
die im Lächeln fremder Leute spielt
Über Liebe wird nicht gesprochen
das Erlebnis baut sich von innen auf
sollte mich die Tagesreise verändern?
Atemlos singt noch ihr Mund

Einem jungen Mädchen bis zum Konzertsaal
nachgeschaut staunend über sein Hüpfen
im Abendkleid an der Seite des blonden
knabenhaften Begleiters im Trachtenanzug
Nachher der Regen es war lustig
unter meinem Schirm tropfte und raschelte
darauf und als der Abend kam
schienen die Straßen um mich heller zu glänzen
Mein schwebender Gang fiel auf

Ich bin verliebt Hinter dem Fenster
im vierten Stock weiß ich liegt sie mit
offenem Mund und träumenden Augen im Juni
unter einem Bild mit Pferden und viel Grün
auf einem Kissen bestickt mit Pferden
und Pferden in ihrem Kopf Ihr Körper atmet
wartet auf zärtliche Berührung eindringliche
Küsse sie riecht an der Orchidee von mir
in einer Vase aus hauchdünnem Glas

Der Augenblick mit unerfüllbaren Wünschen
vom schmachtenden Anblick zur Schamüberwindung
jäh fürchtete ich das Abenteuer mich ganz
in dem jungen Mädchen zu verlieren sah die Flammen
um sie
Die Studentin der Germanistik wird mich später
unter dem Laubbaum ausdenken sie wird mit
den ziehenden Wolken des scheidenden Jahres
und ihrer Tanzfigur herunterblicken mich läutend
finden oder im Flüchtigen erkennen: Spielende

Wer sagte der König sei reich (1976)

Wie schön sich hineinfallen lassen
in ein übermächtiges Gefühl
Nichts kostet die Welt mehr
Sieh es trägt auch dich
bewegt sich mit uns fort leicht
wie die Stunde kommt vergeht
Was mir deine Lippen bedeuten
die schönen Augen rundherum das Haar:
wer sagte der König sei reich?
Ich behalte den Kopf dafür

(An Ursula Schröder)

Zeitlos

Ich berührte deine Lippen im Traum
aber ich wollte nicht
so verschwiegen sein
wie du
Nicht als Minister vom Stuhle kippen
kein dunkler Gott aber froh
vom Berge kommend den Wein austrinken
in Ruh

(An Else Lasker-Schüler)

Juni 1986

In der Senke versammelt sich
die alte Glut der Junisonne

Wir haben auf den Regen
aus Tschernobyl die Hoffnung nicht aufgegeben

In der roten Schaukel (von 1946)
schwebt heute ein fremdes Kind

Das Heu auf dem Feld wird maßgerecht
in Stücke gepreßt und eingefahren mit Cäsium

Die Kühe dürfen wieder auf die Weide
wir streicheln einen Kopf über den Elektrozaun

Was nach uns bleiben wird? Verspiegeltes Glück
der Wind vom Meer gegen die Berge

Menschenwerk wird zerfallen wie Zeit
unter törichten Händen während man ausschaut

das Locken verliebter Vogelpaare nicht mehr hört
die heilige Schrift des Monats nicht mehr entziffern kann

Frohere Botschaft kann ich euch nicht bringen
als innezuhalten mit dem Turmbau zum Gedenken der
Götter

Warten auf Regen

Die Mauern krächzen von unserer Klage
wir sind schon mit Sonne und Mond verfeindet
der Regen ist eine Pracht und ich weiß nicht
was die Leute dagegen haben
Immer paßt jemandem nichts
Der Regen wäscht viel vom Schmutz ab
wir kämen doch ohne Regen um
Die Erde saugt sich voll der Baum
und die Forelle in der Weißach
Es wäre nicht auszuhalten
ohne frisches Wasser
ohne die Hoffnung auf Reinigung
ungetrübte Stellen
schöne Gedanken den Biß einer Schlange
am sonnigen Ufer Warten auf Regen

Zehn Zeilen

Zehn Zeilen Schönheit zeigen füllt mir ein Buch
Atme ich in der ersten Zeile auf
steht der Gefährte nicht weit der Freund
Wirft mich die vierte Zeile nieder
kniet bald ein Kind vor mir
unterbricht sein Spiel
In der siebten ergreift mich vielleicht ein
Schauer des Rausches der im Grausen einhält
Freude und Schrecken in mir vereint
und das Ernste in heiteren Stücken verstreut

Belehrung

Gib auf – mach das so!
Du bist schon erwachsen
verzeih mir die Belehrung Sohn
Ich vergesse manchmal was neu
an uns beiden ist so oder so
Es muß das Blut sein oder was
heimlich mit Geschichte
unterwegs ist und nicht
still sein will in mir und dir
(Der Streit der Wagenlenker Ödipus
vor Theben ging uns irgendwie nahe)
Aber es geht bald vorüber so oder so
schleudert dich nichts mehr hoch
von deinem Sitz gegen mich Alten
Du wirst weitersehen können

Ankommen

Die einfachen Dinge bewahrheiten
sich noch immer: wie sie aussehen
in deiner Krümmung auf dem Stuhl
Stundenlang nährst du dich nur
von vernichtenden Ideen Wie du tote Bilder
bewegst und mit Sprache ausstattest
Wer will das? Wer seinen Durst löschen
Prinz Hamlet von den Toten erwecken sag?
Eine Anstrengung fordert die Kunst
Allmählich schweben Gedanken und Dinge
die Zeit wechselt Rhythmus und Klang
Du glaubst im Ernst das Gedicht könnte
einen komischen Schock auslösen verletzen?
Hinter dem Rücken der Gesellschaft
Du entdeckst keine Rührung eher Argwohn
eine Spur Neugier höchstens
oder mitleidiges Lächeln auf glatten Gesichtern
Aber du hast relativ viel Raum gewonnen
für die Zweifel bis sie bei den Verdammten
in Dantes Komödie ankommen
Was wird ihr Trübsinn anders sein

Mehlstaub

Hinter der stillgelegten Mühle
treibt das Rad noch im Wasser
treibt das Land in sein Jahr
Der Alte bei der Ziege
erzählt vom Mehlstaub
auf seinem Haar und stockt
bei den Gewichten die er trug
Mehr Runzeln in der Sonne
ein verletzter Traum
das Wandern war des Müllers Lust
(und Müllers Esel das warst
du im Kinderspiel)

Noch reisen meine Wünsche

Ich glaube nicht daß ich pfeifen werde
und ein freies Wort führe
wenn der Tod mir die Aussicht verstellt

Heute höre ich noch sein wüstes
Geplapper bei der Heimkehr
aus dem Kriege

Manchmal will er durch die Tür
mit einer falschen Losung
aber ich mag nicht unter den Schnee

Von hier nach dort gerettet? Ohne Sterne
wäre ich verloren wenn ich ihn einlasse
in mein Gedicht um schöner zu sterben
(nach einem Traum in Österreich)

Noch reisen meine Wünsche zu euch
Mit Hoffnung Irrtum und Glück
zur Umkehr nicht leicht zu bewegen

An der Kreuzung blinkt die Ampel heiter
jenseits steht niemand der uns belügt
Wir dürfen nicht losgehen unter die Räder

Aus der Reihe tanzen

Wie oft wird mir der Luftsprung
ein Seitensprung noch gelingen?
Die purpurnen Abendläufe
schließe ich mich zuhause ein
bei Frau und Buch und Fernsehen
Niemand klingelt mich heraus
zum Zeichen des Aufbruchs
mit der Verlockung fiel auch
mancher Vorwand weg in mir
die Rufe werden leiser leiser
der Bleigehalt des Blutes drückt
die Lust zur Erde nieder im Übermut
ich könnte lieben essen trinken alles
von der besten Sorte wie mein Freund Karl
und manche tolle Nacht durchtanzen
bis der alte Philister hämisch sagte
ich hätte meinen Tod verdient – mit Musik
im Widerschein der Kerzen bitte
Schrot und Korn haben bei mir ausgedient

Heimkehr

Hast du an Höhe gewonnen?
Ja ich stürze
Die Reiherfeder im toskanischen
Staub von eigenen Gedanken
aufgewirbelt
kehrt mit einem Stern heim

Glücksfall

Zwischen Hängen und Würgen
manchmal lebt man vergeßlich
ehe der Hahn kräht
unterm Kupferhimmel
zögert die Hand
vor dem Telefonhörer –
du hast fünf Sekunden Zeit zum Überlegen
ob du auf einen Glücksfall
vorbereitet bist

Vor acht

scheint dir die Sonne noch richtig
ins Gesicht Der September hat
alles klargemacht am Himmel
für freundliche Gedanken
Du siehst gelbe grüne rote Wägen
auf der Fahrt in die Stadt
Winke Grüße kommen durch das Fenster
du kannst gar nicht so schnell mit
Die Jungen und Mädchen auf den Rädern
wollen den Morgen schön
Gestern sahen sie noch in einen Tunnel
heut sind sie lachend darüber weg
Nur die Turmuhr hat ihre Sorgen einfältig genau –
durch das Kreuztor weht ein frischer Wind
und verlangt nach Freude in der Stadt
und die alte Donau im Morgenblau
noch von einer neuen Brücke träumt

Schrankenwärter Bockdorn

Leiert die Kurbel fällt die Schranke
bei der Annäherung dampft und rauscht der Zug
vor den Augen auf sechsgleisiger Spur hin und her
Ich warte als Junge stehe mit dem Rad
neben einem Pferd das unruhig auftritt ruckt

Der Mann an der Kurbel immer derselbe
Später mein Lazarettzug aus Rußland hier hält
ich dem Mann zuwinke er das Elternhaus anruft
zwei Stunden Aufenthalt aber keiner kommt
Der Blick über die Schranke immer derselbe

Gewöhnliche Reisende schauen aus den Fenstern
Ankunft und Abschied vorüber bis an jenen Herbsttag
als sich die Empörung der Frauen Luft machte
in offnen Güterwaggons drohend die Zunge zeigend
das Warten davor eine Ewigkeit dauerte

auf einem Bein stehend und Krücken gestützt
unter dem Himmel ging ich bald fort von zu Haus
und stand in Gedanken verloren sehr fern
immer wieder an derselben Stelle wo mir
der tote Schrankenwärter den Übergang verwehrte

Rückkehr nach Neisse

Durch die alten Straßen gehen
die Laternen anzünden
auf der Promenadenallee
im Traum Wandrer sein
zwischen den Welten

Am Berliner Torturm auf Jungen
und Mädchen warten sie polnisch reden
hören einem Kind über die Wange streichen
vor Heilig Kreuz einem Bauern zuwinken
wo er den Boden pflügt den ich früher
nach einem Tanzabend selig überquerte

Wie der Dichter Max Herrmann-Neisse
aus der Ferne zurückkehren meine Blindheit
von damals in allen Winkeln und Gassen
erkennen vom Töpfermarkt bis zum Salzring
die deutschen Namen ausrufen daß mir die
Heimat nocheinmal schmerzhaft verloren gehe

Umklammere das Brunnengitter in meiner
Muttersprache Geschichte wird lebendig
Was wolltest du sonst hier Besucher aus
dem Westen? Die Türme leuchten in der Stadt
wie eh und je über dem Staatswappen auf der
Rückseite bin ich im Schatten ein wenig
beweglich Links und rechts schwarzwehende
Schleier unwegsames Gelände zwischen den
beiden Völkern Eine Legende bald auch mein Flug
mit ausgebreiteten Armen nach der alten Heimat
Sohn eines schlesischen Hufschmieds
der den Hammer da zurücklassen mußte

Über aufgerissene Felder

Wem das Gedicht nicht schweben will
und die Sinne in die Jahre kommen
der mag seine Stimme heiser stellen
und die bunten Flügel vergraben
Ihm bleibt nicht nur die Spucke weg
beim rechten Anschauen
wo die Wahrheit erst schön wird
und nicht abgetan
die Kraft erhält das Unbekannte
das Leben zu ertragen

Ich liebe das heitere Spiel unter mir
die aufgerissenen Felder Freunde
Wir müssen da hinüber weiter gegen Atomversuche
unsere Hände fester schließen
Ich sehe im Abendrot
eure Köpfe weniger werden und weniger
früher wuchs die Zahl mit der Strophenglut
Laßt uns nicht in die Enge führen

Ferne Zeichen

Nehmt mich wie ihr wollt
bloß rechnet nicht mit mir
Wer gibt mir jedesmal einen Ruck
daß ich dem Widerwärtigen entkomme?
Und schlägt der Puls nur weiter
daß ich ruhig vom Leben singe
als kämen Vögel an mein Fenster
die Stimme abzuhören bevor sie
schriller wird oder im Blut erstickt
Wie gut daß ich mich selbst versteh
und die feinen Zeichen
von fern gesendet

Menschen im Aufzug

Durch Stockwerke sinkend steigend
hinter der Aufzugstür bin ich
zeitweilig eingesperrt mit jemandem
oder nichts als mir
beim Gedanken an ein Glück
oder einen jähen Zwischenfall
Dieser Frau sah ich gestern schon
in das Aufzugsgesicht atemlos still
vor den blinkenden Etagenziffern
auf schwebendem Grund an die Wand gelehnt
Ein Gruß ein Lächeln ob ihr das hilft
vielleicht wie Abendrot
Sehnt sich die Frau nach Menschen hier
oder flieht sie ängstlich durch den Tunnel
aus der Hochhaus-Einsamkeit?
Ein rotgelackter Sarg denke ich
hält nachmittags halbvier Wer könnte
für sie leichte Musik einen Engel
hereinlassen wenn sonst niemand hier
vor der letzten Fahrt

Krankenschwestern

Krankenschwestern EKG-Raum Die Instrumente
von denen andere Hilfe erwarten spät
Und dafür sind sie zuständig einen Blick
zu verlängern auf den mancher
einen Sommer vergeblich hoffte
Ein gutes Wort zu versenken
in eine unsichtbare Wunde bis nachher

Kann dieser nächtliche Dienst kann
das türkische Mädchen im schwarzen Haar
hier geboren und zur Schule gegangen
der Vorwurf für ein größeres Bild sein?
Dann umrahme es mit Gold
Nichts wiegt schwerer als die schöne

Genauigkeit ihres Tuns an halb Verlorenen
In der Frühe unseres wievielten Hochzeitstages
kam die Frau nachmittags kam ich selbst
mit den Händen in Berührung
Mein Dank unvermessen

Schneefall im April

Vorfreude nenne ich das Blühen
am Kirschbaum im April weiß weiß
verdeckt er sein Blattgrün zur Hochzeit
Unschuldig hat der Wetterbericht Frost
und Schauer gemeldet für heute nacht
Am liebsten trüge ich den Baum wildduftend
mit mir ins Haus und pflanzte ihn
morgen früh wieder ein wie nach einer Schlacht
Denn für morgen ist Sonnenschein
vorhergesagt uns beiden Leidlos
aber wolle nichts fruchten hörte ich
gewitzte Vögel im Sommer erzählen

Zugvögel

Beim jubelnden Kuckucksruf zählen die
letzten Spaziergänger das Geld im Beutel
den Rest vom Sommer für die weite Reise
nach Afrika: vor der Wüste haltmachen
im Grünen überwintern nach alter Schule
Wer kann wie der scheue Vogel schwärmen
und sein Herz ausschütten über dem Meer
sich kein Stern an seinem Lustschrei vergreift

Kinderdrachen

Ich habe geglaubt mein Kinderdrachen
sei längst niedergegangen irgendwo
hängen geblieben zerzaust –

da ist dieses geräuschlose Unglück
fernzuhalten zwischen den Atemzügen
die Maske der Schatten an der Wand
beim Vorwärtsgehen vermutlich wohin
soll ich mich wenden wenn einmal
die guten Leute verzogen oder
mit Scheuklappen wie das Pferd?

Sing mir ein Lied kleiner Junge
am Steg mit der ersten Schwalbe
machen wir einen Sommer daß du
wieder träumst: bloß wie soll ich
dir den Drachen herunterholen jetzt
er ist schon zu weit weg
von der Erde und steigt und steigt
daß ich an mein Drachensteigen
von damals glaube bei dir

Landschaftsbeschreibung

Wörter die in mir ruhten wecke ich auf
mit dem Feuer der Schmiede die staunenden Augen
den Weg nach innen und in die Landschaft
wandernd auf mönchischen Sohlen:
ein Flüstern Verliebtsein unter tönenden Blättern
die Vögel vertrauen sich und den Bäumen
einzelne schwirren ab in der Luft zur Wassermühle
lenken über das verwunschene Schloß ihren Flug
vor die blaugrün vom Föhn gezeichneten Allgäuer Berge
Ich möchte fortgehn unbeweint
ohne Scheu vor einer neuen Verbindung
froh der Jäger sein in Begleitung Turgenjews
lernte noch mit den Händen
Forellen aus dem Bach ziehen
Vier Männer bewegen sich dunkel zwischen Eichwald
und Wiesengrund ob Cézanne das Grün glückte?
Zwei Frauen verweilen in der Mitte des Bildes
ihre in Ocker-Gelb gehüllten Köpfe erinnern mich
an hängende Sonnenblumen in den Gärten am Donez
Ein wenig Sonne hat sie zum Aufglühen gebracht
Ein weißblühender Kirschbaum mit einer Dichterin
wäre nun in der Phantasie vor dem Morgenrot denkbar
Ich rufe die Wörter vom Fluß zurück aus der Schlacht
in das friedliche Tal gehen wir jetzt und heute
lassen gestern und morgen beiseite
nicht alles an einem Tag Glück und Leiden
erfreulich der Gang bis zur Ermattung
solange trinken die Augen Lust können
über den Bildrand hinausgleiten

Am Meeresrand

Diese helle einseitige Freude
des Meeres!
Windgestreichelt der Himmel
in einen Spiegel gestürzt
darunter das Farbgemenge schillernd
im Paradies der Fische
Geringere Verletzungen als auf der Erde
nach der Vertreibung des Menschen
Heroischer Auf- und Abgesang des Wassers
bei Ebbe und Flut stetig an den
Grenzen seines Reiches abgeschmettert
Unverwundbare Mondwechsel
Trompetenstöße
wieviel bleiben mir noch
bis zur Auflösung des Zusammenhangs:
allein am Meeresrand sitzend
aus kleingestellten Augen blinzelnd
auf das kosmische Geschehen
wo keine Trauer aufkommt
der Sprache kein Gott fehlt
die Spur verwischt

Flug München – Las Palmas

Vor Erscheinungen von ungeheurer Bläue
über Wasser und Erde gleitend
der Boing 727 ausgeliefert
einem Engel mit Schwert
Die Spitze Gibraltars umzingelt
von kriegerischem Glanz Afrikas
Küste entlang ein weißer Badestrand
vor dem Sturm Feuer seh ich Horaz
auf den Schwingen des Schwans

Hier bei Mespalomas also
machten die Schiffe Kolumbus fest
darüber heute in lautlosen Kugeln
die neuen Entdecker im Weltraum
Auf der Insel der gewöhnliche Frieden
kleiner Leute und frische Reisende
im Anmarsch Wasser- wie Goldsucher
im Besitz der Sonne spanisch

Die Brücke

Eine neue Donaubrücke bauen
der Stadt voraus in Gedanken – Streit
habe ich keinen mit den Bäumen
trage sie vorher an ruhigere Plätze
nicht weit von der neuen Verbindung
durch die aber der Bleistaub
aus unserer Mitte abzieht von unseren
Lungen die mir am Herzen liegen
wie der Atem der Bäume nachher
glaubt dem Dichter –
daß er über die Köpfe seiner Zeit
neue Brücken schlagen möchte daß
der Lärm nachgibt an den verfeindeten Ufern –
er ist nicht mit schönen lobpreisenden Teufeln
im Bund auch fände er nicht das Wort
eine Brücke einzureißen oder zu verhindern
hier wie dort vor oder hinter einer Grenze

Still unter dem Baum sein
für unsere Augen mehr Grün erfinden
es gibt keine schönere Farbe für die Hoffnung
daß der Blick uns mit dem Baum
und die Brücke uns mit dem anderen
verbinden in gerader Linie
keine Tollkirschenzeit

Lesung in Erlangen

Grau liefen die Straßen fort
mit den Menschen das Getöse
der Autos unterhielt sie bei den Geschäften
während ich nach historischen
Bauten fragte ohne Anklang

Am Abend Gedichte Schwingungen
durch Töne Atemnähe zu den Hörern
ihre Neigung mißt über Stunden
meinen Tonfall die Wörter gegen Gleichgültigkeit
fordert Zugaben aus meinem Leben

In unserer Mitte wuchs ein Kirschbaum
Später werden wir an sein Blühen erinnert
April 79 im Palais Stutterheim
Da konnten wir uns noch finden und lassen
Den Eindruck den die Stadt tagsüber

verweigerte verschafften mir
die jungen Gesichter spielend am Abend
Ich ging fort nicht als Fremder
eher von Jüngern begleitet welche
die gefallenen Worte aufheben

Sagen und Zeichen

Als Jesus geboren war zu Bethlehem
im jüdischen Lande da kamen
die Weisen aus dem Morgenland
nach Jerusalem und sprachen: Wo
ist der neugeborene König der Juden?
Sie hätten einen Stern gesehen Später
wurden sie die Heiligen Drei Könige genannt

Als ich Kind war sah mir einer auf dem Bild
aus wie ein Deutscher der zweite kam aus dem Libanon
aber der dritte war ein Schwarzer
Alle drei fielen vor dem jüdischen Kinde
nieder und beteten es als Hoffnung an
durch die folgenden Jahrhunderte

Angekommen in neuerer Zeit verschmähten
die Menschen den Sinn der Sage
und betrachteten das Bild als Fälschung
Weil es die Völker versöhnen und ihnen
den Makel unterschiedlicher Herkunft
nehmen wollte paßte es nicht mehr
in den öffentlichen Rahmen Blutige Hände
schändeten darauf Ort und Handlung

Auch das Sterben des immer noch am Kreuz
hängenden Jesus Christus kann die Menschen
nicht mehr erschüttern Die Vorübergehenden
nämlich führen ein flatterhaftes Leben und sehen
sich gegenseitig nur in Sprüchen auf die Brust klopfend

Doch manchmal vermute ich ein neues Zeichen
für Versöhnung am nächtlichen Himmel bis Kalifornien
wenn drei Mädchen singend auf dem Bild erscheinen
und ihnen Millionen gutgesinnt zulächeln:
eines trägt einen deutschen Namen wie Maria
das zweite nennt sich Sarah und kommt aus Israel
und den Namen des dritten Mädchens habe ich vergessen
aber seine Stimme die leicht vibrierend herausklang
seine strahlenden Augen sein Temperament
unter der seidenglänzenden schwarzen Haut
vergesse ich nicht und denke jenes Bild
von Sehnsucht und Frieden unter allen Menschen
wäre lebendig in neuem Gewande wiedergekommen

Nachtschläfer

Meine Diotima konnte nicht ruhig schlafen
nebenan weil ich mich im Dunkeln mehrmals
mit Wasserglas und Tabletten bewegte
Im Kopf brannte ein fremdes Licht
womöglich stammte es von einem Halblicht
Auf der linken Seite spürte ich
Herzklopfen rechts drückten mich 70 Kilo
Weich gebettet und zusammengezogen zur Schnecke
lag ich unter der kalten Zimmerdecke
Ich spreche mir manchmal etwas vor
selbstbereitete Verse für die Nacht
daß sie mir Unerschrockenheit und Ruhe
brächten In Rückenlage verstärken sich
meine Zweifel am schwarzen Humor
bei dem Straßenlärm vor dem Morgen –

Guter Tag! Vielleicht darf ich zeitig
aus dem Bett steigen ohne wieder als
Ruhestörer gescholten zu werden Du liebe Zeit
wenn sich der Vormittag schön anließe
wollte ich nicht von der Nacht reden
in der wir mehr Gemeinsamkeiten haben
und weniger unter artistischer Beweiskraft
leiden Wer um zwei Uhr noch atmet überlebt
heute nacht wieder sagt Thomas Bernhard
Die kleineren Ereignisse werden besser
auf den Tag verschoben Er verändert
unser Gesicht und die Bedürfnisse
Der Bericht soll unter die Schlaflosen
fallen daß sie nachts Ruhe bewahren:
der Schläfer ist in einem andern Land

Aus der Menge heraus

Ich geh heut aufs Ganze Schwester!
Ich bin offenbar in Form Worte wahrzumachen
der Dichter in mir fühlt sich noch jung
täuscht euch bloß nicht mit eurer Wissenschaft
Vor Heckenrosen ziehe ich mal tief
den Atem ein aber dahinter
dahinter habe ich schon lieber
eine Verabredung mit dir
Der Kosmos hat nichts zu lachen
aber du wirst auf mich warten denk ich
aus der Menge heraus
erkenne ich dich
an deinen hell strömenden Augen
einem Urtext
den ich in mir nicht überwinden kann

Versprechen an die Muse

Ich bin auf dem Weg zu dir
aber ich komme nicht los von hier
Ich kann nicht loskommen
keinen Schritt von mir weg
ein Haufen Wörter kreist mich ein
ich bin an einen Pfahl gebunden
und sehe keine Fessel zu lösen

So muß ich singen bis ich freikomme
und durch den Hohlweg gelange Mein
Singen wird die Luft in Bewegung setzen
zwischen uns die Erde rot erglühen
alle Phrasen verbrennen
bis wir das Los wenden
Mein Singen wird mich an die Feinde
verraten aber ich komme
komme aus dem Wort heraus
unverfehlbar

Frauenhände

Ich warne vor einem zu schönen Bild
das Gedächtnis löscht uns beide aus
flieht mit dem wirklichen Befund
und brächte wohl einen Schrei hervor

Ich beschreibe ganz einfach
die Hände der Frau in der Küche
sehe unerhört viele gute Taten
die von der Haut nicht vergessen werden

Ich rede von ihrer Forderung
nach etwas Ruhe und Verzicht
die täglich in das Spülwasser getaucht
wird bei schmerzender Bandscheibe

Ich verschweige nicht daß sie keine
Erleichterung wünscht weil dann
die Rede von der Arbeit geringer würde
die sie ein Leben lang begleitet hat

In der Küche die lebendige Zeichnung
ihrer Hände der Bewegungsablauf
ich studiere die Übergänge am Herd am Tisch
an der Wand Dürers Mutterhände zum Vergleich

Trennung

Sie nahm den Teller vom Tisch
der Wasserhahn tropfte noch
von ihrer Unzulänglichkeit
als sie auseinandergingen
Die Türklinke eisig
zu Mittag ein Stück fremder Welt
Der Wind riß ihm draußen Geruch
und Wort ab Das Licht gebrochen
im Seufzer ein paar Tränen
Er steigt in den Wagen ein
schaut verlegen zu den Wolken:
was wird sie allein anfangen?
Jetzt das Erlernen der neuen Strukturen
verbogene Felder Rauchzeichen
Das verschuldete Gedächtnis beginnt
zu rumoren Jeder pocht auf sein Recht
Gibt es das am Ende vom Lied?

Brief der Mutter zweiundachzigjährig

Goslar, den 4. Oktober 1978

Mein lieber Sohn,
ich lasse jetzt die Schlaftabletten weg,
da will ich sehen, ob das Zittern
an den Händen besser wird. Habe an Gewicht
nur noch 102 Pfund,
das muß reichen. Ohne Stock kann ich
nicht mehr gehen, werde leicht schwindelig
und will ja nicht hinfallen.
Als Du bei mir warst, was für ein Glück
für mich! Frau D. kommt mich heute besuchen,
sie ruft jeden Tag einmal an, ob ich noch lebe,
das ist schön von ihr, ich freue mich über
eine so gute Seele. Hoffentlich sehen wir
uns wieder vor meiner letzten Reise
Deine Mama.

Der Brief an den Sohn
eingereiht unter seinen Gedichten
bevor die Zeit und ihr gewichtiges Händezittern
in Trauer übergehen Erze verwittern

Bahnfahrt 1977

Zwischen Duisburg und Düsseldorf
fahren die Züge planmäßig
bis zur Decke mit stickiger Luft
Leute strömen herein besetzen die Abteile
drücken sich mit Gepäck im Gang herum
In einem Abteil aber sitzt ein Mann
allein wie in einem Wintermärchen

Vor seinem Fenster nehme ich Platz
im Fahrtlicht ein Türke oder Grieche
der mit seinem Blick
ängstlich in die Landschaft flüchtet
Beinahe sehe ich ihn laufen
einen aus dem Heer der Fremdarbeiter
noch sitzt er für Bau und Grube gebraucht
mir gegenüber doch sehe ich im Gang
schon seine Verfolger stehen

Dunkelziffern

Manchmal möchte ich Licht
in eine Dunkelziffer bringen
möchte den Atomtod nicht sterben
Es mehren sich die Zweifel an der Statistik
den Überredungskünsten und Verschleierungen
der zuständigen Männer Überläufer
bewegen sich zwischen den Fronten
Irrende Fallende auf Treppen und Fluren
Nutznießer und Opfer ununterscheidbar
der Raum verfinstert das Dach am Brennen
In mir wüten Daten und Fakten
wie Viren im Körper Orwell 1984:
Dunkelziffern! (Ist es wirklich so schlimm?)
was hab ich zur Aufhellung getan?
Spendet Licht Freunde leuchtet
die Verstecke aus deckt Heimlichkeiten auf
der Regen nach Leichenfeldern riecht
die Ästhetik zu viel verbirgt meine Beschwörung
sollte eine bewegende Kraft enthüllen
den Frieden einfacher greifbar dichter machen

Märzliche Ungestimmtheit 1978

Meine Unruhe führt den Bleistift
über das Geschehen auf dem Papier
Wörter die auf- und abgehen dunkel gefärbt
von Rom kommend wo fünf Begleiter um Moro
erschossen wurden als die Sonne hier
meine Fußspitzen wärmte Blutige Erde
bald feiern wir wieder Auferstehung

In unserem Land täuscht der Friede
ohne Zeitungen bei Streik und Aussperrung
stirbt man weiter in der Tagesschau:
Krieg im Libanon im Krimi auf den Straßen
über die namenlos stürzenden Helden
herumliegenden Leichen sucht mancher
bei sich im Zimmer nach einem Alibi

Gestern Thomas Manns Tagebücher von 1933–1934
offengelassen bei Brahmscher Musik lege
ich meine Beine ruhig zur Beschwichtigung
Über den Rücken fährt ein schmerzliches Zucken
verbindet meine Gedanken mit dem Schauder der Welt
Weit bin ich durch die märzliche Ungestimmtheit
gegangen und suchte das Wort: o meine Braut

Nur im Fenster spiegeln sich mit der Nacht
einige Wünsche doppelt wider: werde in Polen einmal
meine frühere Heimatstadt besuchen gefrorenen
Mundes auf homerisch blind sein bei dem Anblick
von jenem zweifelhaften Glück ergriffen
das hinter der Wirklichkeit ein Zeichen gibt
zu suchen das zertrümmerte Auge auf dem Weg ins Nichts
das noch sagte: Es ist vollbracht

Nun singt schon bis das Jahrhundert kracht

Für Nikolas Born

Wir alle mögen uns nicht wie sonst?
Welche Entfernungen haben wir zwischen
uns zugelassen die grauen Wände Schuttberge
da kommen wir nicht mehr durch
An den Tatsachen wäre zu rütteln
die wir selbst geschaffen haben
Die natürliche Lust auf der Flucht
steckengeblieben in einer Gasse zum Meer

Am Tag als mein Brief bei dem Dichter eintraf
verfehlte er dessen Leben um eine Nacht
Auf der Suche nach einem Freund wiederholt
ist mir der Tod zuvorgekommen sein Tod nun
Bin wieder erschrocken niedergeschlagen
gibt es keinen friedlichen Schlaf frage mich
wozu alle Mühen des Menschen? Am Ende
fallen die Blätter rotgelb herunter vom Baum
verfaulen in dem großen Haufen
Steht der Mensch vor der Erkenntnis ergraut
sein Haar schleicht sich die Jugend davon
Von der Dunkelheit laßt uns reden
wie über manchen abgebrochenen Traum

Mein Rücken krümmt sich will zur Seite
ausweichen aber jedes Wort richtet ihn auf
mit einer neuen Empfindung jedes Wort könnte
bald ein Tropfen fehlendes Wasser sein habt acht!
Sobald das Gedachte tatsächlich erscheint
ist die Frische des ersten Anflugs dahin
was anmutig klang wurde vom Zeitgeschehen überwältigt
wie jetzt Ende 1979 in der Music-Hall westwärts:
Über die Totgetretenen sich eine schäumende Menge
steigert zur Wildheit beim Rock and Roll
Nun singt schon bis das Jahrhundert kracht

Ungewollt auf Reisen im 20. Jahrhundert

Der historische Einwand: Max-Herrmann-Neisse
war nach 33 als Dichter aus Deutschland unterwegs
Ich wurde 45 erst aus Neisse in Schlesien abgesandt
Marieluise Fleißer reiste Februar 74 in Ingolstadt
ganz ab als ich mit dem Gedicht hier ankam
Vielleicht wären zwei seßhafte Dichter wie wir
für die Stadt zu viel gewesen in einem Konzert
Wer von selbst abreist ist nicht ungewollt hier
und macht keine Umstände mehr
Ich habe mir ach ein Haus aus Versen gebaut
darin ich an der lautesten Straße wohnen kann
Mein Kirschbaum blüht das ganze Jahr über
Ein Ruhestörer wird aber nicht froh an dem Platze
Meine Frau will nicht daß ich an solchen Reisen
teilnehme sie wäre zu allein hier
mit Haus Gras und Bäumen

Sturmwarnung

Der Sturm zieht von Küste zu Küste
Das Volk von Vietnam hat sein Leid gehabt
Geteilt in zwei Hälften Nord und Süd
kämpften zwei Welten gegeneinander
bis zum Umfallen Freund und Feind
achteten nicht mehr auf das gemeinsame
Blut Der Sohn stieg im Flugzeug
von Süden auf und warf Bomben auf
die Hütte des Bruders im Norden
jener beschoß blindwütig Bauern
auf dem Reisfeld und erkannte den
Vater hinterm Pflug nicht Pflanzen
und Wälder wurden aus der Luft vergiftet
es fehlten Särge für die Gefallenen
die Städte und Dörfer Als sich nur noch Rauch
zeigte und kein Sieger hielt man die
Waffen still in den Staub Flugaufnahmen
zeugten von der Verwüstung dem Elend
Endlich bliesen die Führer zum Rückzug
der fremden Truppen im Lande und zu
friedlicher Unterwerfung des Südens
Dafür bekamen zwei den Friedensnobelpreis
verliehen Wir hörten leider kein Wort
von den Toten

Auf dem Marsch

Bei Mozarts Etüden
sah er sie in dunklen Anzügen
und weißen Hemden auf der Straße kommen
sie schienen sich zu fein
den Bewohnern die drohenden Fäuste
zu zeigen denn sie dachten
dies sei ihre Stadt Rathaus und Markt
und die Kirche diene ihnen
mit Freispruch von allen Skrupeln
Der Trommelwirbel führte die Marschtritte an
und weiter auf und ab Dumpfes
vom Stadion

Die Leviten verlesen

Der Kopf zur Seite geneigt
nicht auf einer Schulter ruhend
ein zartes Lächeln umspielt
den Mund und was noch privat
drinsteht in dem Frauengesicht –
die da raten und deuteln flüstern
über die wahren Gründe und Absichten
ob eine Liebesgeschichte frei erfunden
oder nicht längst in der Zeitung stand
ob das Herz sich tatsächlich bewegte:
Bei dem Hinterfragen (Insistieren) lächerlich
kommt Besuch aus Potsdam Schloß Sanssouci
wo der Alte Fritz schon die Leviten verlesen
Man versteht nicht Französisch? O doch
mein Babel in München und anderswo:
zu einer Scheidung im Leben besteht kein Anlaß
und überhaupt kann reine Dichtung selten schön sein
wem die Nachtigall heute noch schlägt

Mit uns der Staub

Mit uns der Staub
aufwirbelnd und was
für ein Anblick: die Straße
der Versöhnung verstellt

Aus gutem Grund berührt
die knochige Hand den Freund
zieht ihn aus der Ferne heran –
der Wahnwitz bleibe

Gewichtlos der Jammer
auf der Waage der Metzger
den Hauch über der Klinge
wiegt vielleicht noch das Gedicht

(An Marcel Reich-Ranicki)

Beifügung einer Harfe

Jemand befahl die Vernichtung der Stadt
Ein Knopfdruck-Gespenst
Die eigene Stimme angehalten
auf die Straße gerannt um Gott
zu suchen Nur die Kälte gefunden
das Spiel mit dem Feuer die grausamste
Botschaft des Menschen-Ungeheuers

Im Lichtschein die Toten gesehen
in roten Anzügen Sich allein gewärmt
an dem Wort machtlos

Wo seid ihr Brüder und Schwestern wo?
Taube Trompete von Jericho

Bildersturz

Die schwarze Sonne wenn sie heraufzieht
werden wir unsere Leidenschaften
nicht mehr schön finden
das Verdorbene wird im Eimer liegen
vom Brechreiz an der Welt

Was streuten wir noch als Kinder aus?
Was holten wir aus unseren fröhlichen Herzen
begabt für ein Leben des Wohlwollens
und der Freude? Traurig belehrt sehen wir
im Zorn zurück auf unsere Verfehlungen
in den mittleren Jahren: den Telegrammstil

Im Kreise sitzen die weisen Alten
und verhüllen ihr zerfurchtes Gesicht
Könnte ich noch einmal von vorn anfangen
schamlos-unbedeckt aus der Sonne auftauchen
ihr wäret alle meine Freunde
Verblüfft würdet ihr zurückweichen

Im Park

Wäre beinahe dem Dichter Goethe begegnet
geht im unheimlich-ruhigen Park spazieren
wie beim Napoleonbesuch es auf seine Rockschöße regnet
Er darf den vaterländischen Stoff ruinieren

Er Günstling eines Herzogs die falsche Religion
hoihe! ich halte lieber Abstand zu dem Großen!
Er nach Plan die Frauen genommen zur Komposition
Gretchen mit erhitzten Backen ins Wasser gestoßen

Beneidet und gescholten viel: Goethes Lebensfehltritte
Auf Dauer zählen Geist und Phantasie stirbt der Philister
Friedlieber Wahlverwandter laß den Mephisto in der Mitte
einmal mit mir pfeifen auf dein Amt als Minister

Vorstellungen

Wer wollte daß ich innen
wie die Rose sei
so schutzbedürftig und heikel
von zarter Sinneslust strömend
bei offenem Mund? Oder tönend wie
ein Regenbogen über dem Abgrund
taub für die Nachrichten von draußen
mir Sonne und Wind erträglich
die Nacht nicht zu kühl
ein milder Tau auf den Schläfen –
wer wollte den Mann leichter erledigen?

Unrast

Wie viele Tage und Nächte trieb
die Unrast mit mir ein grausames Spiel?
Ich spiegle meine Erfahrungen im Licht
die Sätze schnellen mit dem Puls hoch
auf ein flammendes Allegro bei Mozart

Gelassenheit ein stiller See
ein Wortschatz in dem ich abkühlen
aus dem ich wieder aufsteigen könnte
Vom Getümmel erzittert Gedanke und Halm
jäh kommt unversehens der Hieb

(An Joachim Kaiser)

Als ob Schiffe auslaufen

Meine Bedrängnis als ob ein Meer
bald geschlossen würde
Meine Gedichte als ob Schiffe auslaufen
um in sichere Entfernung von mir
zu gelangen
Wenn sie in fremden Gewässern untertauchen
kann es ihre Rettung sein
und eine gute Gesellschaft geben

Mitreisender

Wir haben uns bald totgewundert
Augenzeugen vertragen keine Lüge
die Frau am Fenster zog ihre Stirn in Falten
eine andere strickte bis Istanbul

Dem Mann dauerte die Reise zu lange
dabei stürzte er endgültig ab
so verlöscht ein Stern

Ich legte meine Finger zwischen ein Buch
wir im Zug wußten nicht was draußen geschah
fast gleichzeitig der Schrecken
am Ziel wird er warten

Todesfalle

Sie hat eine Seele sie hat eine Geige
sie geige solange bis sie sich gefällt
Wir leiden am Morgen wir leiden am Abend
bekommen Gelüste und Leidenschaften ohne Geld

Sie hat die Liebe alle trompeten den Tod
sie führt den Sonatenbogen mit kühner Hand
ich singe ihr Sträuben Schaudern Schütteln
und verstumme mit der Lust auf das Land

Wir halten Ausschau nach dem Zaubermantel
unter heineverlornem Gezwitscher auf dem Dach
Deutschland stöhnt in dem heißen Sommer ach
ginge es dem Tod nicht in die Falle kalt

Horror London

Hufegetrappel in feuerrote Mäntel gehüllte
Gardeulanen auf elf schwarzen Pferden in Zweierreihe
erscheinen vor dem Buckingham Palast auf meinem Film:
Sonntagvormittag März 1982 Belichtungszeit 1/125/5.6
Ich lese auf der Vergrößerung Stolz und Furchtlosigkeit
in den Soldatengesichtern der Queen Elisabeth II.
ein Dokument des 20. Jahrhunderts zur argwöhnischen
Beobachtung von Glanz und Elend in einer magischen
Situation:
die Ahnung des Todes ging ihnen auf der Straße voraus

Die Drohung des Attentats flutete im Morgenlicht
über den Köpfen der Reiterei wo ich staunend stand
Irische Freiheitskämpfer planten ein Schreckensgericht
hieß es an der prunkenden Leibgarde der Königin

Es kam wie der Führer der Abteilung vorhersah:
eine ferngezündete Bombe sprengte in den Haufen
sich bewegender Leiber warf sie bunt flammend da
übereinander aufgerissen tot und verwundet Kadaver

Wiehernde Pferde bäumten sich gegen die Hinrichtung auf
erstarrt im Blick rasten davon und verloren
Reiter und Königin bei dem Entsetzenslauf
Die Überlebenden hörten ein Brüllen und Schreien am
Abgrund

Zwei Hunde wollten die blutigen Wunden belecken Ich
sah dem hübschen Jüngling dem zweiten in der vordersten
Reihe
heiter ins Gesicht und konnte ihn für mich noch
retten ehe es im leuchtenden Schauer verlöschte

Ängstigung

Schneespuren von fremden Schuhen im Garten
hallende Schüsse vor dem Haus verraten
die jähe Dunkelheit seines Erzeugers
Der Anrufer bleibt stumm in der Telefonleitung
Briefe verlieren vor Absendung das Geheimnis
kohlschwarze Raben im Geäst leihen sich
dessen Stimme klopfende Mauergeräusche
abhanden gekommene umgestürzte Sachen
ziehende Schatten hinter dir machen den Tag
den schönen zum Trugschluß zu einer
Erschütterung die Nacht im Wachsein
stellt dich ein Schwindel auf den Kopf
der Zufall ergreift dich rettend am Arm
über dem Dach heult der Sturm rasseln die
Ketten es läutet zu später Stunde am Hoftor
niemand steht draußen im roten Warnlicht
als der unbekannte Erzeuger der Angst
hinter Kugelbüschen im stockenden Herzschlag
sein verrätselter Sinn Ein Narr müßte kommen
und für Zerstreuung sorgen mit Tränen im Lachen
Von was träumen die Münster-Glocken?

Max Herrmann-Neisse ein Dichterleben

Elegisch kommt er uns ins Bild
die alte Heimat Neisse Stadt und Fluß
es tönen seine Lieder unerfüllt
von Sehnsucht nach dem ausgebliebnen Kuß

Geprüft durch Krieg soziale Not und Leid
begabt für Menschlichkeit und Liebe
zur expressiven Dichtung der Weimarzeit:
ein Kopf zum Ziel feindlicher Umtriebe

Sein Werk verbrannt der Mann flieht ins Exil
ein deutsches Schicksal aus dem Land vertrieben
Was künden Heimatglocken und Gefühl?
Sein Ruhmesblatt mit Elend überschrieben

(Der Dichter fand 1941 in London sein Grab)

Der russische Mantel

Verlangt es den Hauptmann nach einem Drama
auf die Sohlen des Bürgers Filou geschrieben?
Oder wird er erleuchtet vom Dalai-Lama
sich in die Zahl seiner Feinde verlieben?

Es gibt keinen besseren Mantel
als den gestohlenen von Gogol mit Pelzbesätzen
Der Revisor spielt nicht mit der Kugel-Hantel
auf der Suche nach verborgnen Schätzen

Der Hauptmann läßt alle Spiegel im Haus zertrümmern
die den Mantel auf seinem Leib gesehen
Geheime Nachrichten der Leibwache schlimmern
seine Pein es ist um die Ruhe geschehen

Lakaien schwärmen aus und klopfen
an jeden Baum zum Beweis des Waldes
Stalinatus befiehlt: jedes Loch verstopfen
denn aus faulen Stämmen schallt es

Auf der Buchmesse

Wir sind im Wesentlichen unterrichtet
wie die Presse berichtet
in der Menge verschwindet
wer Gedichte empfindet
meine Krankheit zu fein
für den Augenschein
umgestoßen zum Stein
würde ich schrein

Kam ein leerer Beutel heraus
füllten ihn Wünsche aus
einer war so stark
sich nicht länger verbarg
Es jandelt schon arg
von der Wiege zum Sarg

Seid umschlungen

Seid umschlungen Knaben und Mädchen vom Chor
Kafka zog her man schlachtete eine Gans
und brachte die Federn auf sein Schloß
daß er den Hunger nach Liebe verlor

Der Türsteher zeigte auf seinen Wams
und gab einen Ton von sich in C-Dur
Hinter Riegeln verwirrt Kafka im Träumen groß
wartete auf das Pferd eine Frohnatur

Im Narrenkostüm

Der Clown hat im Regen gelacht aha!
Bei jedem Auftritt bringt er
was Neues auf das Tapet Erregt
Mitleid in seinem mohnblumenfarbigen
Kostüm berauscht vom Moschusduft
schlafen die Wächter ein Apparate
und Agenturen zu seiner Überwachung
streiken Der Clown rührt an Tempel
und Kartelle die Wahrheit ungeschminkt
öffnet Augen und Türen in Schattenreichen
Kein Schlag zu viel für den Staatsanwalt
Der Clown genießt königliche Freiheiten
und kleidet sich in klassische Gewänder:
„Wache!“

Blumen an den Staatsanwalt

Sollten es rote Nelken à la Benn
oder blaue Tulpen sein?
Mein Mädchen hat was gestohlen
drum sperrte man meine Liebe ein

Andere haben schmutzige Hände
begehen heimliche Verbrechen groß
mein Herzlieb ging nur die Wände
hoch und ließ den Felsen los

Bekümmert sitzt sie in der Zelle
Herr Staatsanwalt wo bleibt das Recht?
Bringen Sie ihr meine weißen Rosen
damit wird das Unrecht gerächt

Auf dem Titelblatt ganz groß

Käuflich für eine Mark siebzig
zum Mitnehmen Aufgeilen Männersache
Braunmähnig mit schräggestellten Beinen
hauchdünne Seidenhalter Höschen Strümpfe
auf rosazarter Haut: das Mädchen lädt
zum schnellen Ausziehen und Handeln ein
Hinreißend gelingt der Unschuld aus der
Provinz noch die Versuchung Johannes

Beruflich reist es als Animateurin
das Mädchen fährt auch Wasserski
und gegen Geld in der Werbung verpackten
Wünschen zu unbekannten Zielen hin
Die Leute von der Zeitung schamlos
wir sind da eine Klasse besser ohne Titel
bleibt man draußen sauber
spürt sein eigenes Genie (am Penis)

Wasser auf die Mühle

Das ist Wasser auf die Mühle
die zeitweilig abgestellt im Wartestand ruht
sagte ich zu der Jungfrau am Badestrand
(die als Biologiestudentin keine solche mehr war)
aber sagte es nicht so laut daß sie es hörte
als sie meinen Blicken die letzten Splitter
auf ihrem freistehenden Körper zeigte
(selten langer Haarwuchs an der Scham)
spannend in das blaue Kostümchen schlüpfte
gütig und hoffnungsvoll daß es bei mir
bald klippklapp klippklapp mache

Bei heimlichen Moralisten in Wien

Er war fruchtbar und mehrte
unter der Hand sein Verzeichnis
mit gefallenen Frauen
wenn eine den Erfolg begehrte
brauchte er sie nur anzuschauen
An Ernst konnte es nicht fehlen zweifelsfrei
sind die Erhobenen seitenlang zu zählen

Zum Roten aus Malaga

Stell dir vor mein Guter
du hast eine Carmen als Mutter
(ich flog unlängst nach Malaga
und tanzte mit einer Flamingo)
wie feurig müssen die Töchter werden
und drückt dich dein Los auf Erden
Gedanken die sich zwischen Wolkendecken schieben
wechseln von hüben nach drüben
Der Wein macht lose Leute wild (laut Salomon)
wer dazu Lust hat wird nimmer durch Wissen gestillt

(An Johanna Petavy) (Parodie auf eine Arie aus der Oper „Cavalleria rusticana“ Mutter, dein Roter war allzu feurig …“)

Warnung

Meine Liebe zum Gedicht
kennt keine falschen Motive
für lebenslange Freude am Gesicht
achte auch du aufs Feuer der Lokomotive
die mit Volldampf durch die Gegend rast
und im Luftzug mitreißt manchen Gast
die jedes Schweigegebot mißachtet
und unser Leben mit Neugierde befrachtet
sonst stehen wir morgen in der Zeitung
mit unseren Gefühlen zum Gespött
und du opferst dafür deine Reisebegleitung
Wahre Liebe stirbt bei der Umarmung im Bett

II

ENTDECKUNGEN

Der Himmel schien zum Träumen blau
wo wird die Nacht mit uns versinken
Lehren keine gezogen der gute Wille lau
es reizte das Geld der Spaß das Trinken

Aufbruch am Hafen

Du kannst ein Herz zerreißen
deine Verse klingende Saiten
wo Lust und Schmerz beginnt
Wohin willst du verreisen
darf ich dich begleiten
bei vollen Segeln im Wind?

Der Tor fliegt in deine Nähe
das Reiseziel suchend
gönnt dir keine Rast
bis du sagst was geschehe:
Zu zweit buchend
Liebe Glück das Gepäck als Last

Zwiespalt

Unlebbar fast wenn der Traum
nur noch Schatten annimmt
sagenhaftes Sehnen die Zeit bestimmt
und sich nichts zum Glück bewegt

Sein Blick reichte bis in ihr Haus
wo sie eingeschlossen und still
bei einer ägyptischen Gottheit wachen will
und sie kühler Marmor umgibt

Als er den Marmor tatsächlich zerschlug
und die Geliebte in die Arme nahm
überfiel ihn Reue und Scham
denn nicht wußten sie wohin

Wie Dionysos lacht und weint

Er hält eine Krone sie gehört
der erwählten Königin zeitlebens
Niemand öffnet ihre bange Wohnung sie begehrt
Ruhe oder Tod für die Liebenden vergebens

Um die Krone kam ein lang ersehnter Glanz
o ihr seht ihn nicht in Worte schmelzen!
Himmlische Freude übermannt ihn ganz
der Spötter darf sich im Staube wälzen

Rosenblüte goldne Krone zart Gesicht
an der Wasserfläche auf- und abgespiegelt
das Abbild ruft es steigt ins Licht
wenn die Zeit den stolzen Mund entriegelt

In einem Schoß von Mohn

Woher die Kraft des Worts die mich berührt
den Finger legt auf unstillbare Wunde
mir wachsen Flügel aus geheimer Kunde
und Körperliches im Leuchten sich verliert

Durch Spiegel sehn was dunkel sich verhüllt
aus Scham verleugnet wälzt das Ungewisse?
Wo Kröten ziehen gibt die Erde Küsse
bei süßer Lust ihr Sehnen sich erfüllt

Noch lange duftet dir das Haar nachher
von meinem Hauch der Hand vom zarten Fühlen
lösch aus das Licht die Schatten streichen schon

ums Haus und neiden dir die Träume sehr
Den stummen Boten wird der Schnee verkühlen
zersplittert ich in einem Schoß von Mohn

Auf Schloß und Berg

Du kennst deine Unruhe es läuft die Zeit
von einer Feder gespannt auf Liebe und Tod
bangend ob der andre zerbricht am Leid
und dir deine Stellung den Zugang zum Schloß verbot

Ein Traumland gehört euch zum Trost
auf die Reise nach Süden zieht es euch hin
ohne Fluch von wärmeren Winden umkost
bewohnt ein neues Haus erfüllt es mit Sinn

In deiner dunklen Rast bist du ein Spiel
für die Gewalten die dir das Schloß verwehren
fleh nicht um Gnade ringe sonst verfehl das Ziel!

Der Morgen kühlt heran auf Schloß und Berg
behalt mit heißem Herzen lieb entbehren
müssen beide bis zum Abend gestalten das Werk

Blick aus dem Fenster

Blick aus dem Fenster Er ist gekommen
und streicht mir leise übers Haar
so jung und unverbraucht es früher war
und hat mich auf die Reise mitgenommen

Wohin wird er den schnellen Wagen lenken?
Ich bin sonst klug und hätte längst gefragt
nun sitz ich wehrlos warte was er sagt:
Man muß vor Glück zerspringen neu sich denken!

Mich dünkt wir sind auf wundersamer Fahrt
an blauen Schatten Haus und Bäumen hin
ich würde mich auf keinen Fall verweigern

mich reizt das Tempo seine heitre Art
die Dinge zu erhöhen wer ich bin
der Tod vorm Fenster will unsre Träume steigern

Bloody bloody are your shoes

Blutig blutig sind ihre Schuh
Warum sich die Füß wundgescheuert
und keiner ihre Strümpf erneuert?
Wer holte Wasser zur Kühlung bot Rast und Ruh
und das Wort: das Wort deckt Wunden zu

Blutig blutig läuft sie im Schuh
auf und ab am Ort der getreulich Verbannten
wollte den Zauberspruch nicht hören den bekannten
wälzt sich durch Bücher und Filme immerzu
und greift in die Luft nach dem Wahlverwandten

Namenlos

Bleib ohne Namen
du weißt es letzte Rose
am Weg des Abendglühens
du hast deinen Kelch geöffnet
und mich zu dir angesaugt
entzieh mir deinen Duft nie mehr
blühe blühe vollende den Traum

Vollkommen

Das vollkommene Gedicht kann
uns nimmer gelingen
im Irrealis wäre noch Platz –
doch wer folgte uns schon heimlich
mit lockigem Haar auf tönenden Stufen
zum Ursprung mit nichts?

Der Bogenstrich

Ein ungeahntes Erglühen der Dinge
ein untröstliches Verlöschen
Joseph Conrad

Arg munter fühlst du in den toten Lüften
und ziehst ein schwer betörend Kraut
aus der Erde was wir im Halbschlaf umschifften
zog sehnend unter Lid und Haut

Woher wir kommen mag wirklich tausend
Faltern flügelschimmernd Geheimnis sein
was wir finden wird aus der Stille rauschend
ein unerhörtes unendliches Schrein

Rückkehr des Regenbogens

Die Rückkehr des Regenbogens
macht die Erde heiter
Bis gestern tanzte der Ziegenbock
mit seiner Frau störrisch weiter
Boggie-Woogie unter giftigen Wolken

Den blauen Himmel erlebte das Paar nicht mehr
auch nicht den farbenschillernden Regenbogen
nicht wie die Kröte die Finsternis schluckt
wie unsere Münder in der Frühe dampfen
Verliebte sich legen auf der grünen Wiese quer

Gerettet

Du lachtest froh und wußtest nicht
was dir geschah So unbeirrt
gingst du los wovon ich träumte
versank in einem Frühlingsblumenmeer
es war dein Tod

Ich wachte auf und fand dich ohn Beschwer
und staunte über dein Wangenrot
das sich im Leben oft zu schenken versäumte
An dem Tod verstummt wer Liebe spürt
Ich nahm das Rot aus deiner Stummheit ins Gedicht

Verschwinden

Du hast soviel Sinn für das Sagen
und preßt es in dich hinein
wes Herz von Liebe zerrissen
erliegt seinen Träumen allein

Du wirst von dem Strudel
gehalten gestoßen untergetaucht
glaubst eine Hand errettet dich
da hat sie eine andre verstaucht

Unten das Loch oben der Himmel
Trugbild Ruhebett Zeit mit wachem Gespür
den Mund übervoll vor Aug und Gedanken
der geschundene Mensch bei dir

Mein Hölderlin geh du voraus

Mach keine Jagd auf einen Schmetterling
der deiner Hand im Flug entweicht

Du siehst den bunten Vogel nicht
der im Laubwerk sich versteckt

Das geliebte Handgelenk dreh ihr herum
wenn sie dein Wort abschneidet

bevor der Groschen fällt und es irre
weitertönt in der Hörmuschel je t'aime …

Im Klang der Harfe hörst du wieder
ihre Stimme zittern vor Erregung

Sie zeigt dir fern die Schulter
einer Sphinx weißt nicht was soll es bedeuten

„Mein Hölderlin geh du voraus
bist du auf dem Gipfel

folge ich dir nach in das Gebirg
wo ich im Traum ein Leuchten sah

Bricht dir das Herz auf steilem Hang
stürz ich mich hinab hinab vom Felsen Utopie“

Altdeutsche Landschaft von Mali

Einmal denk ich steh ich wieder
vor dem Bild mit dem Baum
und dem Haus mit der Herde
Herz und Fuß laufen solange
um die traumverlorene Erde
bis ich am Ziel meine Wange
daran lege es neu erschaue

Die Schwermuttropfen hat der Schnee aufgefangen
und kristallklar verschmolzen am Ort
Ich suchte das Bild aus den Wolken den Wahn
Jugend und Kraft sind hervorgegangen
die Farben immer frisch glänzen
der Mann hält seiner Liebsten Wort –
und fand es und wanderte damit ins Blaue

Farce

Sagte sie Pinguin oder Pekinese
wären zum Koitus ohne Beziehung bereit?
Liegt es an Freud oder der fraulichen Genese
wenn sie verführt aus Ehrgeiz und Neid?

Stellt sich nackt vor den Spiegel
berauscht von Worten Rosenduft
spielt ihre Rolle auf Brief und Siegel
doch verschweigt sich selbst wenn er ruft

Liebt mehr im Kopf läßt die Gefühle schwanken
fliegt zum Geliebten im Mondschein und erwacht
an Liebesfäden hängend unlöslichen Gedanken
eine Farce von Scheingefühl verursacht

Kopfende

Gibt es keine Freude soll ich wehklagen?
London triefte immer neblig herunter
mein Gefühl war stehen geblieben Männer-
rollen enttäuschten

Morgens fing mein Frösteln an in der U-Bahn
drückten sich die Pärchen unziemlich herum
keine Träne schneller kann fließen: Wollust
Weltschmerz Verkriechen

Mag zum Tanz ein Wüstling schleppen sein Mädchen
Reue überkommt die Verführte sicher
wenn es ernst wird brennt der verruchte Kerl durch
schneidet ins Antlitz

Alles: Kaffee Gott Heilige Teufel
Böses richtet die Geilheit an der Männer
keiner schlägt sein Herz auf gegen Wind Regen
auf Dauer rührend

Grobe Diener ihrer Selbstsucht Machtsymbole
bauen zynisch weiter an Babel Sodom
kreist sie ein mit tiefgreifendem Behagen Ide-
ale verkommen

Zeigt mir einen stolztraurigen Mann noch!
Eine Seele feinschwingend mit zarten
Händen und Verstand die Desillusion ich
lernte zu hassen

Perlender Wein

Mädchengesicht zu mir geneigt
eine Sonne versengt mich
dringt schutzlos in mein Inneres
Worte werden zu köstlichen
Muscheltieren beim Tausch
nachher Aufruhr im Körper
Mühe die Herrschaft zurückzugewinnen
zur Ablenkung taugen
Essay und Nüsse

Vorsicht bei solcher Gewalt
auf Taubenfüßen am späten Abend
erhitzt vom Theater
Das Mädchen verheißt mehr Seligkeit
als aller Ruhm der Welt
Feige Tollheit weiche dem Schlaf jetzt!
Perlender Wein im Auge verschenkt

Aufhörn zu flöten

Ich bin ein zäher Bursche
und kenne kein Pardon
ich klopfe mit dem Hammer
ein Loch durch Mauern aus Beton
Ich räume Steine aus dem Weg
und schleudre Feuer in den Dreck
ich pflanze auf Ruinen eine Wiese
und schütte unsre Sorgen in den Teich
ich steh mich gut mit Kröten
und reiß einer den Panzer vom Leib
ich mach sie zur Sarah Weich
sie mag nicht mehr aufhörn zu flöten

Die Französin Yvonne

Du kommst im Nebel
und gehst im Traum
darin seh ich dich rutschen
an meine Knie Dein Mann
sucht die Küsse vergebens
die du an mich verloren hast
Er soll einreißen den Zaun
er kann eine Mauer errichten
einen Kordon um sein Haus
ziehen lassen im Städtchen G.
in der rue de champignon:
du kommst doch
wenn ich dich rufe

Mein Orchester

Ich bin mein eigenes Orchester
und spiel die Geige zart
abgründig lieb ich meine Schwester
die Klarinette auf samtweiche Art

Ich blase auf der Blechtrompete
das Herz schlägt mir den Takt
die Melodie steigt in die Morgenröte
mein Cello zerspringe im letzten Akt

Danksagung

Für Charlotte

Ich danke der Frau
an meiner Seite
für ihr Festhalten an mir

Wir kenterten beinahe
in aufgepeitschter See
bei Sturm und Fluch brach das Segel

Der Mond und die Liebe im Bund
ferne Sehnsucht heile Angst
die Leidenschaft zur Poesie

Verzeih mir was ich im Mißlingen zu schwer nahm
vergib mir wovon ich dich verschonte
vergiß was du mit mir versäumt hast

Ich sah mich bei dir gewärmt und geborgen
gütig altern in deinem Gesicht
Wort und Hand hielten uns am Leben

Lerne rühmen und verachten

Himmel und Hölle auf die Erde geholt
Nach Darwin sah sich der Mensch verzerrt
in Gesellschaft von Affen nach Gold
fiebernd gefallen in seinem Wert

Wer bedroht die Freiheit im Staat?
Vom Volk gewählt nützt Demokratie dem Zweck
sichert den Frieden regiert die gerechte Tat
Kritik übt öffentlich gegen Feindversteck

Kein Engel breitet seine Flügel vor dir aus
nimmt das Kreuz dir ab paßt du nicht auf
Lern verachten den Überfluß im Haus
erwirb durch Verzicht ruhigern Lebenslauf

Sei umsichtig übe Liebe und Geduld
doch werd nicht untertänig Mann
und Frau denke an die allgemeine Schuld
das freie Leben Tag und Nacht nichts ersetzen kann

Schweigen

Schweigen heute? Ge-
sichert ein Verschweigen
Das Blut stockt manchmal
in den Adern
Verrat Widerstand
schreien die einen
es gibt Knüppel Schläge –

laßt mehr von dem sehen
was friedlich zu uns kommt
Umarmen
wünscht ein anderer
laß dein Blut rauschen
dein Wille geschehe mir auch

(An Elisabeth Borchers)

Erstarkt

Jetzt nimmt er endlich Kurs
auf sein Ich immer ließ er
andere für sich sprechen
das schwächte sein Dasein ab

Heute geht er wie einer
der weiß wohin und erwartet
von seinen Gegnern
weder Gunst noch Gnade

Fußangeln

Du fielst vor meine Füße ich ließ
dich liegen und machte dir keinen Mut
Gegen eine Übermacht allein: da hilft
kein Bangen kein Flehen und Zagen
wo Wölfe heulen schüchtern sie ein
Steh auf sage ich wir vertreiben die Meute
bei uns steht die Wahrheit das Recht und das Licht

Du zweifelst? Laß dich nicht über Fußangeln stürzen
in der Falle würdest du ohne Beweise sein

Jeder Gruß

Jeder Gruß von dem Freund
ein Durchatmen bei mir
jedes versteckte Wort von ihm
ein Code für mein Glück

Hinter der dunklen Schönheit
gelungner Verse verstummt
die angerufene Gestalt –
die Liebenden schüttelt ein Fieber

Ungeliebt wer bin ich? Gab mich
selber oft verschwenderisch hin
Verhinderte Dichter Schneider mit einem Paß
für drüben wer hört ihr Lied?

Unter der Decke will es keiner gewesen sein
die Hände darüber unschuldig wie der Wind
die Blüten verweht und schüttet
alles zu mit Eis und Schnee

Thebanerin

Vor dem Palast kein Erbarmen Zwei Säulen Hunde
Der König hält die Gesetzesfäden in der Hand
putscht eine Feindschaft hoch
überzieht sie mit Kälte bis an den Rand
erdrückt den Schmerz unter den Namen
die zu der Zeit
keiner ungestraft nennen durfte

Antigone stellte einen Pappschädel auf
bei jedem Schlag schäumte der Tyrann
verdarb sein Tag: schweigend erdulden
die Untat? Nein Durch einen Lichtspalt
in der Felsenhöhle streicheln wir
die Luft über ihrem Kopf
für den toten Bruder

Überfahrt nach Kreta

Auf stürmischer See krank
Schiffsgäste Stewards Köche krank
nur der Kapitän an Deck darf nicht
Das kalte Bufett schwankt Teller Tische
Stühle rutschen Lampen schwanken in der Messe
alles schwankt in den Kabinen schwankt im Kopf
Das Schiff sucht Schutz hinter Felsen ankert
Erst nach vierundzwanzig Stunden löscht der Mond
den Sturm auf der Überfahrt nach Kreta

Stolpern die Johanniter Gasse hinunter
fallen ins Goethe-Institut mit Fremdenführerin ein
jemand fragt wer auf der griechischen Insel
wohl heute noch die deutschen Dichter lese
Ich sah mich getroffen in der Heimat verdunkelt
in der Ferne reisend und kein leuchtender Stern
unlängst von einem hier für tot gehalten
wie sollte der Deutsche seine Existenz
auf Heraklion im Gedicht vor König Minos Palast beweisen?

Ich zog eine Zeitschrift vom Jahrgang 1978
aus der Reihe wo viertausend Jahre den Vulkanausbruch
verwünschten: schlug das bewußte Heft auf und las
DIE DESILLUSION vor Und niemand wird je behaupten
können das Schiff sei im Seesturm vor Santorin
mit mir untergegangen Alle Beschreibungen
von meinem Verschwinden in Deutschland
sind ins Reich der Fabel zu verweisen Ich überstand es

Wiedersehen mit Colmar im Elsaß

Die Kaserne grau und immer grauer
Auf Marsch Marsch! und Abteilung Halt!
Deutsche Liebessehnsucht an der Mauer
eh mein Leben von Kriegsgetümmel hallt

In der Uniform auf Straßen lauernd
was ich friedlich erobern könnt
sah ich mich im Schaufenster bedauernd
mir war kein zarter Unterschlupf vergönnt

Vierzig Jahre später kam ich wieder
in Zivil französisch war die Stadt
hell und leuchtend lief ich auf und nieder
vor mir drehte sich ein Mühlenrad

bunte Fachwerkhäuser Türme Tore
Giebel Erker Schilder Blumenschmuck
Leute grüßten mich wie Fürst von Hore
wo ich einst beschämt stand unter Druck

Das Menu bei Rotwein weiß gedeckten
Tischchen zwei Franzosen eine Frau
bald vergnügt die Köpfe herüber streckten:
„Wir lieben das Leben dem Tag vertrau!“

Im Feld

Drei Kameraden zogen im Feld
von ihrem Posten ab
und was nachher begann
ich höre höre noch immer
den toten Soldaten
sprechen bis zum Verstummen
durchbohrt von Hüfte zu Hüfte
von einer russischen Kugel
beim Morgengrauen:
„Nein du nicht du
schreib meiner Mutter“
zog das Auge weg von einem von uns
und sah den Himmel darüber
nicht mehr

Verwundet ohne Zweifel

Viel Trümmer blieben dort liegen
viel Tote verblutet auf dem Feld
was Ehre fälschlich hieß entstellt
das junge Gesicht beim Bekriegen

Die meckernde Ziege hinterm Hause
und Sonnenblumen tellerrund
ein blütenvoller Baum gibt kund:
Vorm Strumangriff Tod letzte Pause!

Die Höllenhunde scheinbar ruhen
der Fluß füllt sich mit Mond
der Busch mit Sternen wie gewohnt
Hat Angst mit Ruhe Sturm zu tun?

Der Wunsch nach Heimat Frau und Kinder
zerreißt das Herz und nah
der Feind die Nacht Traum sah
den Tod als einzgen Überwinder

Zwölf Mann ein Leutnant drei Boote
der Auftrag: Übern Fluß und los!
Die Not am Mann stillschreiend groß
das feindliche Ufer drohte

Die Männer mußten etwas stürmen
was Himmelfahrtskommando hieß
noch schlief der Gegner ließ
die Landung zu doch nicht das Türmen

Alarm bringt Aufruhr in den Graben
die Nacht erhellt von Leuchtspur
wenn die Fetzen fliegen nur
sind drüben Gefangene zu haben

Ein Mann fiel rückwärts aus dem Ruder:
Ich bin getroffen mein Leutnant tief!
Die Luft entwich dem Boot bis einer rief:
Wir springen raus und schwimmen ans Ufer

Mein Todesurteil kühl gesprochen
Der Himmel bebt das Auge glänzt
die Wunde brennt Verrat begrenzt
wenn Ratten die Gefahr gerochen

O Freude schöner Götterfunken!
dem Leutnant vorgesungne Stund
wenn das jetzt auch sein bleicher Mund
befiehlt bin ich sogleich gesunken

KEINER VERLÄSST DAS BOOT! Eisworte
für Tod und Schlagseite schwer
kopfüber ein lautes Feuermeer
unausgelöscht bis heut am Orte

Im Bauch verblutete der Morgen
beim schmerzhaft Stöhnen stand die Uhr
was anlief gegen die Natur
verlangte Wunder Wille Sorgen.

Befragt ihn nicht

Spart euch die Rede von der Erstarrung
Befragt ihn nicht nach dem Sinn
gebt Lebenszeichen!
Er überlebte ruhmlos genug verwundet
jetzt will er essen und trinken lieben
im Schatten einer alten Kiefer ausruhen
und das Gewöhnliche tun

Wenn er junge Männer in Uniform
heranmarschieren sieht zieht er sich
in das Haus zurück um die Antworten
aus den blankgezognen Läufen zu verschweigen
plötzliche Schreie nicht wieder hören zu müssen
mitten in der schönsten Zerstreuung

Amalie deckt ein buntes Tischtuch auf
wo er sich zum Wohnen aufhält
und die Stadt auf Dauer angelegt ist
Mit Fremden redet er nicht
über die Systeme blutiger Sachen
Manchmal duldet er keinen Riß in der Wand

Wenn er ausgeht schweift er in Gedanken
vom Weg ab zwingt sich die Augen zuzukneifen
vor dem Staub und den Eiferern
scheint eher verwundert daß die
alten Steine noch immer tönen
von einer Freundlichkeit wie er
in der Sprache hängt – aber befragt ihn nicht

Strandbild vor der Apokalypse

Auf goldgelbem Strand arabisch knien
zwei Frauen im Badekostüm zärtlich liebend
dazwischen die Verstörung der neurotische Schock:
ein Mann streckt ihnen grinsend im Farbenrausch
einen dicken Fisch senkrecht entgegen
Bei der einen ablesbar der Schrei radikaler
Einbruch des Irrealen in Schwesternliebe
Strukturen von Goya bis Beckmann – bei der
anderen der Elektronenstoß zum Sexus
wellenförmig ansteigend die Begierde
zur Verzückung im nahenden Orgasmus
In dem Dreieck sind höchste Lust mit Angst
und Grauen eingefangen sanfte Berührung
durch Sadismus überwältigt geopfert worden
Blut gerinnt im Sand vor dem blauen Hintergrund
des Meeres; der Zeuge sieht das Ende
des heiligen Symbols der Fische
(Kain wendet sich schaudernd ab und kehrt
wollüstig an den Platz seines Verbrechens
zurück Dämmerung Wüstenwind der Eroberer
Dämonen schleudern Blitze vom anderen Ende der Welt)
Der Sturm in dem Bild kommt nicht zur Ruhe
in der Ferne aufscheint Leda mit dem Schwan
der sich später zum Jüngling verwandelt spurlos
wie der Knecht die Ziege deckte und sich
Strafen und Schmähungen häuften bis zum Schwerthieb

(An Doris Schmidt)

Königsdrama

Im Abwehrkampf verletzte Soldaten
unter den Ameisen werden auf dem Rücken
Gesunder heimgetragen und im Lager gepflegt
Die Königin regiert den Staat achtet
auf Ordnung bei der Verteilung der Beute
Das Volk feiert die täglichen Triumphe
schwärmt vom nächsten Hochzeitsflug
Eine fremde Königin dringt in das Reich ein
und tötet die tapfere Herrscherin
unterwirft das Volk zu Arbeitssklaven
Strafen gibt es bei Verweigerung und Aufruhr
Absolutistische Staatsform vermeidet Anarchie
bei dem Volk im Tierreich keine Reden gehört

Am Ahornbaum

Tonlos wechseln jetzt grauschwarze bleifarbene
Wolken Unruheflecken am Himmel
über unserer Stadt die Richtung
einer vermißt die Winde die Länge
der Tage und Nächte in unserer Stadt
an einer Straße am Park ein armdicker Ast
unter den Jahren kraftvoll gebogen
an dem Ahornbaum festhält Ein schöner Gedanke

Blattlos erregt berichten die Zweige
vom Aushalten der Bedrohung durch die
Gewalttaten von Sturm Eis und Kälte
Baldige Ankunft wärmerer Sonne ist gemeldet
Treibende Säfte und Knospen lassen
die Katze fauchend am Stamm hochklettern
bei wollüstiger Jagd auf der Flucht
vor der Paarung Lust und Pein beeinander

Zu Besuch

Der alte Mann sprach leise
saß in einer Plantage: auf dem Boden
wuchsen Berge von alten Zeitungen
an den Seiten stapelten sich Bücher
den Schreibtisch bedeckten lose Blätter
seiner letzten Produktion aufmerksam
strich eine weiße Katze um ihn herum:
eine oblomowsche Gelöstheit schwebte
über den Dingen Im Gespräch: das von ihm
erbetene Urteil fiel sanft und großmütig aus
Ihm drohe das eigene Scheitern bei Termin-
überschreitung Er wirbelt mit einer Lust
am Versagen einige Blätter durch die Luft
dachte ich Die Katze würde jedes Blatt
einzeln zurückholen und auf den Tisch legen
Er würde ihr nun das Fell streicheln und
lächeln Er nannte das antike Vorbild mit Namen
Wörter würden wie Steine gewälzt und vom Berg
zurückfallen könnten einen auch erschlagen
dennoch nicht aufgeben die Freude sei mächtiger-
beredte Unordnung bei blitzklugen Augen
keine echte Verzweiflung mehr ein Spiel
mit den Möglichkeiten des Untergangs der
Verweigerung am regelrechten Funktionieren
ich schied in der Hoffnung bewunderte die Ruhe
des Älteren merkte mir die Neigung seines Kopfes
vielleicht tat ich ihm auf der Schwelle leid
Später die Kunst der Fuge Variationen
zum Thema Tauben im Gras Tedeum

(An Wolfgang Koeppen)

Vor leeren Sesseln

Wenn ich nicht ganz bei Sinnen wär
redete ich frei vor leeren Sesseln
und stellte die fehlende Verbindung her

und ließ mich durch die Einbildung fesseln
mein Glücksbedarf schien durch das Wort gedeckt
und fiel nicht brennend unter Müll und Nesseln –

Die Zeitung reichlich dein Gedicht entdeckt
mitunter reizt es mich an Herz und Nieren
was andermal dein wacher Geist verschreckt

vor allem lob ich mir dein Komponieren
die Melodie verfängt mit Sinn und List
und mag uns Männer an der Nase rumführen

du deinen Wermuttropfen nicht vergißt

(An Ulla Hahn)

Mein Ohrensessel (1984)

Eine freundschaftliche Erwiderung

Mein Ohrensessel mein schöner Ohrensessel
hat es dem Bernetti angetan denk ich
auf dem neu beschafften Sessel bei mir zuhaus
Nichts ist da zu hören außer
ich mach was oder es kommt ein Geräusch
von draußen rein zum Beispiel vom Graben
aus Wien ließe sich was hören hundermal
Unsinn von vorn bis hinten pausbäckiger
königlich verkommener höre ich vom größten
Capriccioso aus der Zunftbörse Herrengasse
nicht mehr als ich laut denke an meinen
alten Ohrensessel den mir der Bernetti
der semper idem aus dem 19. Bezirk Nestroys
quasi aus einem zärtlichen Brief herausgestohlen
so verrückt ist der aus London gekommen und
leichtlebig wie bei dem berühmten Neffen
in Steinhof frauenfeindlich naturgemäß
Misanthrop in Reinkultur wie jener Neffe
auf großem Fuß lebend im Geist verwöhnt
von Menschen der allerbesten Sorte und
Gegen- ständen der Unlust bei Ansteckungsgefahr

Persönlich ist der Bernetti nie zu belangen
wegen solchem Diebstahl oder Verschwendungssucht
Beleidigung dergleichen alles Straftaten am Abgrund
im Extremen daher sorgt man sich amtlicherseits
bei jeder holzfällenden Gelegenheit des Täters
mittels Kastagnetten um seine angegriffene total
zerstörte Gesundheit auf dem roten Ohrensessel
dem von ihm gestohlenen wie gesagt wird Fauteuil
sieht er jeden Abend händeringend Hedwigs
Wildente im Akademietheater auf den Verzweiflungs-
schuß in die Menge stürzen – auch dieses Erlebnis

hat er mir Jänner 83 nicht ohne Folgen abgenommen
nach meinem Wienbesuch in Trennungsnot um sich
auf meinem ehrwürdigen Ohrensessel besonders
bequem einzunisten so als gehörte der Ohrensessel
und alles schon immer ihm für die Betrachtung
Und hartnäckig hat er sich darauf festgesetzt
auf meinem von manischem Kopfschütteln abgewetzten
längst heruntergekommenen Ohrensessel den er
angeblich sich in der Gaststätte „Zur Eisernen
Hand“ hat aufstellen lassen zu dem einzigwahren
Zweck der Beobachtung der Hunde und des Gesindels
auf der Gassen

Einer wird kommen und ihm den Ohrensessel
unter seinem Gesäß wegziehen müssen endgültig
und wo sitzt der widerwärtige Herr dann samt
seinem Verleger? Na wo? Auf dem Fußboden wird
der große Zampano sitzen doch holt er sich bald
wieder einen neuen rotledernen wie ich vor dem
Diebstahl besessen habe darauf wird er lebenslänglich
sitzen denk ich ein Eremit auf schamloseste
Weise verkümmern in meinem alten Ohrensessel
endlich triefend von Mitleid über sich selbst
bis er nichts mehr hören und sehen kann
so tief sitzt er in meinem alten Ohrensessel vergraben
Ein Ohrensessel für die Ewigkeit also
Weiter nichts

Versöhnung

Als wäre der Weg von dir
zu mir aus Glas
darauf wir uns spiegeln können
aber nicht bewegen
mit Rücksicht auf den Sprung
Leichter trägt das Wort sich herüber
von Schlesien nach Bayern
mea culpa oder deine weil etwas zerbrach
laß sie im Winde zerstreuen
Die Blumen ahnen nicht was uns gemäßer
auf den Streit versöhnlich stimmt

Das Drama der Dichterin Marieluise Fleißer

Sehe ein schwarzes Seil gespannt
vom Pfeifturm zu den Pionieren
darüber sollte sie schwindelfrei gehen
und ihr Fegefeuer in Ingolstadt aushalten

Aus der stillen Sonne ihres Herzens
kam ein kühler Schlag herauf in die Sprache
Zeit und Leben wurden zum Drama auf der Bühne
Unversöhnt packte sie der Schwindel hoch oben

Überraschung

Natur drehte sich um und machte ein Gewitter
brachte sie an den Rand von ihrem Geheimnis
zeigte eine Studie in Grau Schwarz Rot hart bitter
abstrakte Kunst in jähem Überfall

Zum Gipfel aufsteigend nicht Baum noch Hütte
boten den Wandrern Schutz und Rast
Finsternis nahm sie als Geiseln in die Mitte
Sturm und Regen peitschten zum Wettlauf an

Himmel Berge alle Herrlichkeit durchzuckten Blitze
rollende Donner schwarz vor Schrecken
sagte der Alte: Herr mach keine Witze!
zum Enkel aber: Lauf du voraus zur Bergstation!

Der Junge rennt kehrt um: Nein Opa ich bleibe
laß dich nicht allein! Er sieht die Angst im Auge
das kurze Glück die Flammen auf dem Leibe
von Liebe Mitleid keuchend weinend angefaßt

Es muß ein Gleichnis für das Ende sein
das Gegenteil von kurzer Rast und Brüderlein fein

Kinderlied

Mein Kind schlaf ruhig und fest
sonst weckt dich ein böser Traum
glaub nicht an Jäger flieg nicht weg
kein Sperling fällt lebendig vom Baum

Behalte deine Händchen warm
sonst friert deine Mutter auch
bringt dir Puppe und Stern ins Bett
und setzt dich morgen auf ihren Bauch

Überwältigt von neuen Erscheinungen

I

Denk nicht falsch vom Dichter heute
das Jahrhundert machte
                    ihn dir nicht unähnlich
er schleudert bei rasender
                    Fahrt aus der Kurve
überschlägt sich im Wagen
                    mit seinen Talenten
er schreibt und rechnet
                    elektronisch für Jahr und Geld
was ihn berauscht vermeidet er nicht
                    es reißt in die Tiefe die Höhe

II

Er telefoniert mit den neuen
                    Freunden aus Europa Übersee
und macht sich verdächtig
                    bei Gesprächen mit dem Osten
bald läßt er sich vom Computer
                    alle Fragen beantworten
oder von seiner Phantasie
                    reizen wenn er den Fernseher
nicht einschaltet: will die
                    Geschichte seines Denkens
nicht auf niederer Ebene
                    zur Show verkommen lassen

III

Da möchte das schöne Neue
am Abgrund entlang tanzen
den Augenblick genießen keine
Zeit zur Einsicht mehr gewähren
wird aus dem Ansager eine Berühmtheit
der künftige Herrscher
Die neuen Abgötter heißen
Video Kassette Lichtsatz Raumfahrt
macht uns die Automatik
zu eigenschaftslosen Wesen?
Den Zauber der Technik
entdecken wir allerdings

IV

aber unsere innere Natur spricht
ihr das Mißtrauen aus
Zur Dichtung gehört Abstand
die Klärung Ruhe des Waldes
der gute Klang der Dinge
auf dem Grund des Empfindens –
der wissenschaftliche Geist
erlöst uns nicht von der Angst
er hat unser Staunen erhöht
und von Schrecken überwältigt
spielt mit unserer Existenz
in Versuchen über alle Grenzen

V
Oder der Mensch klebt wie eine Fliege
am Gitternetz wehrlos
dem Sendehaus zuschauend
der Arme hört es knistern sieht
es flimmern sein Spiegelbild verzerrt erscheinen
verlöschen schleudern im Sitz
spürt seine kosmische Verlorenheit
und läßt sich ungestraft zu Tode
reiten auf der Prärie der
knalligen Unterhaltung vergeblich
auf Befreiung hoffend das ferngesteuerte
Wesen ein Entwurf zum Entarten

VI
zu idiotischem Lächeln vererbbar –
der Mensch einst Sinnbild!
Wir rasieren uns zwar mikroelektronisch
sind der Revolution
auf friedlichem Feld nicht abgeneigt
nicht konservativ gram
aber Verwandtschaft Geborgenheit
sucht und findet noch immer
der moderne Dichter im alten
Schatz seiner Muttersprache

VII

Worte die aussprechen was ist
Heimat Liebe Wahrheit Sage
Welt Witz und Verstand
Tod Teufel Verderben Betrug
was bedeutet die Idee von Gott Engeln Rittern
Erbarmen Gnade Strafe Lüge
Der Dichter betäubt sich
sucht dem Wahnsinn Suizid
und Schuldgefühlen zu entkommen setzt
den Gifttrunk bei einem Halbblut
schlafend im Traum an da hört er
die Glocken der Kindheit

VIII

zur Verjüngung und Überwindung der Angst
läuten heller als gewöhnlich
Das Alter fühlt sich durch Erfahrung der Jugend
voraus kein Heil verkündend
malt das Menetekel
an die Wand reimlos
beschreibt das Grauen
des Krieges seine Vermeidbarkeit
er steigt beim ersten Frühlicht
mit Freunden ins Gebirge auf
um wiederzukehren mit einem Märchen einer
Geschichte aus dem Leben:
wie alle Menschen werden Brüder

IX
Kürzer läßt sich die Misere
heute wohl ausdrücken.
chinesische Zeichenkunst Haiku
verzichtet auf das Ausmalen
auf das Erklären des Paradoxen
das Messer die Schere fürchtend
Hinter Worthülsen Masken
schminkt sich der Dichter ab
verbirgt sich der neue Antichrist –
erschlägt er die Musen
das Storchennest im Schilf

Ausbleiben

Das Ausbleiben der Vögel im Garten
Schnee auf dem Futterhäuschen
hat seine Bewandtnis
die nicht Fortgezogenen
fürchten den Aufpasser
den Hund im Haus
der sie im Sommer verbellte –
sein Tod wird die Vögel nun versöhnen

Streumittel

Wir streuen Asche wo Gras
wachsen könnte Kleeblüten
hören Aufgeblasenes zum Ersticken
die Gesten riechen nach Dung
ungenießbarer Kulturen
begünstigt die Stillen im Lande

Über den Schuttbergen
der Türmer Sternlicht
beruhigt sein Auge
morgen haftet vielleicht
ein Regenbogen darüber
verwirft das Ungereimte

Der Klavierspieler

Drei Variationen zum Thema

I

Was kann ich für meine Hautfarbe?
In meinem Alter wer ist noch gefragt?
Bin heruntergekommen von Jamaika
spiele zwei Stunden vor Mitternacht in der Bar
Reihenweise sitzen feine Damen lächeln
wer den nächsten Cocktail zahlt

Der Tanz beginnt jetzt lohnt die Kapelle
alter Neger was nun? Aus dem Lied gestoßen
schleicht er sich verlegen ins Freie
als gehörte er gar nicht hierher:
Schatten haben sein Gesicht gezeichnet
die heißen Rhythmen pochen ihm im Blut

II

Was kann ich für meine Hautfarbe?
Komme aus dem dunklen Erdteil
keiner verzeiht der Sonne Gott wird verflucht
Wenn ich spiele auf dem Klavier bringe
ich den Haß der Stummen hell zum Erklingen
Warum fürchtet ihr euch vor meinen Augen
sucht den Mörder zuerst bei mir?

Wie groß mag die Verzweiflung die Hemmung
unter der samtschwarzen Haut sein?
Noch immer gehn die Schläge des Aufsehers nieder
auf seinen Nacken lassen Fußtritte den Verstand
das Blut stocken in seinen Adern:
die heißen Rhythmen lockern es auf

III

Was kann ich für meine Hautfarbe?
Wann wird mir das Lächeln erlaubt sein
unter Weißen werden die Vorurteile verbraucht
sein und ins Meer zum Vergessen gespült?
Manchmal sehe ich unter meinen Händen
Lichter von Neuland blinken eine Träne lang

Man hat dich vom Klavier gedrängt Fremder
als die Tanzstunde der Verliebten begann
Verliere deine Hoffnung aber nicht
Durch die Tür geht bald ein anderer
die Verheißung der Kröte macht frei
auf die Trauer den Haß mit der Sehnsucht im Rücken

Am Nachmittag um fünf Uhr

Frischer Seewind hinter dem Bus her
von Malaga bis zur Sierra Nevada

Granada besucht allein
Federico Garcia Lorca zu ehren

Sein Grab zwischen zwei Laubbäumen
vor der Stadt nicht gefunden

Die Hinrichtungsstätte fehlt im
Stadtführer Befleckter Boden geizt

Blühende Rosengärten dagegen
auf dem alten Herrscherhügel
der Alhambra arabischer Könige

Das andalusische Volkslied
zigeunert mit Lorcas Blut um die Welt

Distelkunde

I. Sechs Arten von hundert
unter heimischen Winden
aber sie fruchtet und arglos

II. Gefallen aus der Verachtung
in die Hoffnung der Blinden
daß sich Hände aufreißen
an den spitzen Warnzeichen der Distel

III. Berühmteste von den Pionieren
nie genannt befestigt
emsig still und tapfer
den Schutt auf der Halde
am Steinhang blaurot blühend
bescheiden mit dem Kopf nickend

IV. Mehrfach dornig geflügelt
kann sie sich nicht erheben
aufschwingen wie Vögel Herz Seele
verwachsen eh und je stirb und werde
kugeliger schwermütiger Korbblütler
auf Gedeih und Verderb mit der Erde

V. Bewaffnet bis an die Zähne der Blätter
mit dornig gewimperten Stellen
(wie harmlos dagegen heute die Dichter!)
zur Abschreckung blöden Getiers Geschmeißes
streckt die Distel den Stachel heraus

VI. Verliebt in Kalkstein wandert
sie jetzt purpurrot gekleidet auf Berge
bis in die kühlen Nächte des Krummholzes
oder ruht aus auf der Heide
am Wegrand wie du wird zertrampelt achtlos

VII. Ihr Duft verführt aber
reicht nicht zu Verirrungen
wie bei der Rose
dafür hält sie länger aus
zittert nicht vor jedem Rauhreif
vergeht nicht an übererregten Nerven

VIII. Wir liegen neben der Distel
wie wäre es wenn wir das grüne
Stachelkleid zu tragen vermöchten?
(Eine philosophische Erörterung)

IX. Lobt mir die wackere nimmermüde
Streiterin mit ihrem eigenen Namen
und beklagt nicht nur
das Sterben der Bäume

X. Würde dem Menschen der Atem
geraubt der Himmel nur spaltweise
sich öffnen am Tag die Staubschicht
schwerer ich glaub die Distel
schafft es noch immer sich
mit der Erde zu vermählen
geschwisterlich zu lieben ohne Moral

XI. Befehle nimmt sie keine an
teilt auch keine aus
in ihren Reihen herrscht Friede
Gelassenheit über Trauer Tod
still Verschweigen der Not

XII. Vergießt kein freiwillig Blut
Ackermann schneidet blindlings ihr
den Kopf ab wie im Krieg sie
wehleidet mit dem Gras und steht
nicht mehr auf zum Rebellieren

XIII. Verleumdet um den Ruf gebracht
als stachelige Pflanze
zu Unrecht häßlich gemacht
wie manches von den Tieren

XIV. Zur Verteidigung gegen Angreifer bereit
steht der Stengel bis zum Kopf
tarnäugend kraus und dornig
aber keiner auf tödliche Rache sinnt
keiner den Kampf mit Hagens Tücke führt
keiner jagt der Distel Furcht ein für Geld

XV. Zwittrig alle großen Blütenköpfe
Mut und Wahrheit
Trunkenheit und stimmloser Traum
bewahrt recht gut
an felsigen Orten hört sie
aus ihrem Zauber die Schöpfungsmelodie

XVI. Die Laute des Himmels:
Gesang und Donner
heiterer Ruf und Blitze
planen unvermutet mit Schauer
den nächsten Überfall

XVII. Natur sprich: wirkliche Natur Grünes
lesen in der Cárduus nútans
daraus läßt sich ein Bild herzeigen
hoch ziehen Wolken Vögel Flugzeuge
in die Vergänglichkeit dieses Sommers

XVIII. Ach wer spielt mir auf der Geige
unsere Kurzatmigkeit zu übertönen
das Gift und Geknatter der Straßen
Wie leid tun mir Menschen! die Fische
im Wasser wie leid – könnte die Distel denken

XIX. Nein wir Menschen sind unübertrefflich
ausgestattet mit Gefühl und Verstand
können allgegenwärtig im Vergleich
zur Distel die Furcht in den Augenhöhlen messen

XX. Vielgliederige Schönheit reichhaltiger Schutz
am Steinhang gedeiht die Distel trotz Dörre
zieht die Karawane der Lebenden vorbei
der Ausrottung durch Mordlust entgegen –
ob die Erde zwangsläufig abbrennt mit der Distel?

Eingebung

Mich amüsiert Ihre Disposition
zum alten Lichtenberg
meine Herren
von dem neuen ganz zu schweigen
gelingt auf Dauer den Besten nicht
Auf den Augen die Scherben
von langer Hand bereitet
unverlierbar ungewollt
Es ist ein Kreuz
darunter zu liegen

Michelangelos David

Das Werk gelungen acht Jahre Arbeit
Kämpfe seht euch meinen David an
wie er aus dem weißen Marmor gemeißelt
ein schöner klarsichtiger Mann

Ein großer Träumer wohl als Jüngling
Not und Elend fassend mit kühnem Blick
ruhig – gelassen steht er auf den Beinen
uns Frieden wünschend als kehrte er vom Krieg zurück

Innen leidenschaftlich bewegt außen still verharrend
hofft er ach auf das Gute im Menschen noch!
von früher Kindheit heimatliebend-froh geprägt
durch Anmut zu siegen sich nicht zu beugen dem Joch

Geht um den David frei herum Leute
daß ihr sein trunkenes Bild im Stein erschaut
erschreckt vor eurem kläglichen Befunde
wenn durch Verschulden das Leben verkommt ergraut

Aber reizt mich nicht zum Wahnsinn ganz
daß ich meine Figur die Kunst der ALTEN FRAGEN
selbst in Stücke haue – vielleicht könnt ihr Schönheit
nurmehr
im Zerfallnen denken Verwirrung stiftend das Chaos
ertragen

Selbstbildnis (1984)

Mir fehlt noch ein Selbstbildnis
wie es Beckmann meisterlich malte
stelle ich gerade fest mit sechzig
Ich sollte mich vor dem Spiegel ansehen
ein Foto von mir anfertigen lassen
die Erfahrung nicht mutwillig zertrümmern
Ich bin woanders vorgekommen
gründlich für manche zu umständlich
sie lieben mehr die Oberfläche
etwas von ihrer intelligenten Glätte
weniger naiv das Spielerische Sprachkultur
Ich bin von natürlicher Helle ein reizbarer
Mensch als Gegner nicht leicht schlagbar
fühl wie ein gewachsener Baum in der Landschaft
Zum eignen Ärgernis treffe ich gern ins Schwarze
manches Herz sogar das für mich zählt
Mein Gesicht länglich gezeichnet eckig
am Kinn an den Schläfen kantig ergraut
darunter die verstellbaren Augenwinkel
Die Stirn klar und hart für das Standhalten
Ich trinke gern Kaffee schwärme von biegsamen
Sachen und geistreichen Damen sitze
in rotem Hemd und dunkelblauer Jacke
Ich bin für allerlei zuständig
im allgemeinen werde ich wenig gefragt
Freunde schreiben mir täglich
prächtige nicht abgesandte Briefe Gedichte
sie haben sich meine Adresse gut gemerkt
in Bayern

Danke schön

Ich danke schön
für eine Schwester letzte Nacht
durfte mein Kinn
auf ihre Schulter legen
die Hüfte in Händen halten
auf dem Sessel wo sie saß
und aufwärts blickte zu mir
schwieg nicht wie Stein oder
glänzendes Metall –

mit rosigem Mund und wahr
der Himmel tropfte blau und grün herein
es trog die Nacht mich nicht
kein Tod verspottete mein Behagen
Bedankt sei Schwester vom selben Blut
für die Erscheinung das heiß Begehrte
bist nicht allein mehr
zugeweht im Traum
bin ich über dir wenngleich
vergebens
Kann auch selig sein träumend

Zum Tode von Heinrich Böll
(17. 7. 85)

Bei seinem Namen fällt
uns keine Theorie ein:
sie wäre zu klein für seinen Umfang
Wie das Blattwerk am Baum sich entfaltet
formten seine Lippen mit Luft und Geist
unsere Geschichte die erlebte Zeit
vom letzten Krieg bis heute
gegen jede neue Anmaßung
leisen Verdacht der Fähigkeit
zur Wiederholung schrecklicher Fehler
der Deutschen Sein Baum wuchs
stark und trotzig schönrauschend
in den geschwärzten Himmel Goldstaub drauf von oben
niemals lähmend

Deine Spur verloren

Unbarmherzig wie ein Strauß
der Wüste durch das Land zieht
Verlassen und verfolgt mein Geliebter
wo scheint das verjüngende Licht dir
jung wie es manchem nie erschien?
Durch das Geheimnis der Liebe von Erde
dunkel gemacht trunken sich drehend
eine fliegende Scheibe in heißer Luft
unaufhaltsam Unseren Feinden
Geruch und Geschmack fehlt
für die Schmerzen der Leidenschaft

Nirgends Rast und Ruh ein Landeplatz?
Am Brunnen vor dem Tore versteinert
an der Brücke in der Allee zuweilen
erzählt der Graben dein Weh
hör ich im Nachtwind unter der Gaube
deine Klagen ach Lieder sinds
versetzt mit Freude und Lust am Leben
Täuschungen über Traurigkeit
Schell schnell entferne dich Geliebter
komm wieder wenn die Wächter des Turms
meiner Träume schlafen deine Spur verloren

Nun bin ich manche Stunde hoffend
(ewig ewig ...)
Wo wäre das Glück zu Ende
Um Mitternacht

Ohne Wiederkehr

Sanft ansteigende Töne leicht
abfallend sich neu erheben
im Raum um uns durch das innere Ohr
voll Mitleid und Trauer
oder aus Freude am Leben
Tiefer als sonst im Besitz
der Nachricht unumstößlicher Gewißheit
das Lied vom Abschied auf der Erde

Die Musik die Noten verweilen lange
wollen das Ende immer wieder verzögern
das Thema wiederholen aus Furcht vor dem Ende
ein Widerruf nicht mehr erklingt der Nachhall
keine neue Erfindung von Unsterblichkeit
Arm geboren und gestorben zwischen Korrekturen
rettet der Mensch nur die Erinnerung an sich
im Auf- und Absteigen der Töne Stimmen
dunkel fallen sie aus der Schöpfung

Was wäre bemerkenswert zu seiner Lebzeit
gewesen Wieviele griffen daneben
die alte Geschichte

Auf der Suche

Im Halbdunkel meines Zimmers
taste ich mich heute heran
an die Wörter die im Kopf
kreuz und quer wie Tanzpaare stehen
rufe und ordne sie bringe Bewegung
in das Spiel hoppla das Konstruktive
kann Schritte und Sprünge
sehen auf dem Grund meiner Gedanken
dann plötzlich glaube ich
mich zu finden in der Erregung
für einen Gegenstand oder es flötet
das Glück fort fort zieht mich das Leben
die Kunst auch ein Kämpfer zu sein
im wüsten Getümmel schlage die Trommel
und fürchte dich nicht die schönsten Küsse
zu vergeben – wie manche Kränkung
nicht weiß was sie tut im Ohr

In den Wolken

Das Nahen des Gewitters
vor dem Einschlafen: die
erzwungene Wachheit im Bett
der Blick zur Decke zum Partner
wieviel Vergebung er einschließt
auf das Zucken des Blitzes
bei der allgemeinen Bedrohung?
In der Stille die Tiere erzittern
aber empfindsame Menschen sehen
das Gleichnis von der Gewalt
mit mörderischer Absicht
vorprogrammiert in den Wolken

Heimat

Sag der was Heimat heißt
der heimatlos geworden
wie hart was auseinanderreißt
sich nicht mehr trifft und fremd vergreist
die überstürzte Flucht vor dem Morden

Sag der was Heimat genannt
der eine Zuflucht suchte
wo Obdach Arbeit fand
sich Freunden neu verband
sein Dasein nicht verfluchte

Was sagt wer Heimat sagt
die einst verlor keine mehr gefunden
wenn die Erinnerung wehklagt
der Zweifel eigner Schuld nagt
zum Verhängnis unheilbarer Wunden

Was sagt wer Heimat flieht
die Freiheit ihm genommen
das Liebste er verraten sieht
Im Traum über die Grenze zieht
was Wächter nicht zu fassen bekommen

Es heißt viel wer Heimat sagt
verfolgt verlassen verloren
in der Fremde Rückkehr versagt
der Stern der Kindheit fragt
wo sein Recht auf Heimat geboren

Es heißt viel wer Heimat verschweigt
das Leiden dauerte vierzig Jahre
der Marsch durch die Wüste neigt
sich bald dem Ende zu: es steigt
der Haß in silbergraue Haare

Mediengewalt

Vierte im Staate anonyme unabsetzbare
Verwalter bestimmter Interessen Gruppen Ichs
unparteilich daher gefürchtet von allen
Nihil nihil schwingt es im Garten
in die blauen Augen der Meinungsmacher
geschaut mir wurden die Instrumente
der Verachtung gezeigt und des Lobs
Ideen und Wörter seit langer Zeit
im Stahlbad auf das Erglühen immer
die Abschreckung folgte Seht auf
die alte Galeere der Ruderer bei
dem Bild stiftet der Dichter das Bleibende
Billiger ist Lohn und Tadel zu hören Wachet auf
heute nacht errötet der Mond wieder
wird bald hinter den Wolkenbergen verdrückt
und dich ohne Träume schlaflos lassen
unaufhörlich Wind im Gebälk Hundegekläff
und nun kannst du wählen in dem Verbund
unter den Ruderern

Besuch aus einem andern Land

Der Vater fremd und schön
dem frischen Grün längst abgewandt
ließ sich bei mir im Traum heut sehn
Besuch aus einem andern Land

Er lauschte einem Klang
der aus der alten Schmiede kam
sehr ferne liegt sein Gang
durch die verlorene Welt treibt Scham

Sag mir was dich in jener Zeit
als ich dein Kind zum Wandern zog
zum Singen Lied und Einsamkeit
und dich dein Sinn nicht trog?

Erklär mir deinen Zorn
der dich aufbrausen ließ: gesagt
versöhnt entfernt ein Dorn
den du dir selber eingejagt

Es war nicht alles richtig gut
was du geduldet mitgemacht
die Fehler sahst du doch den Mut
zum Widerstehn schluckte die Nacht

Den Regenbogen zieht es hoch
mit sieben Farben spielt der Wind
Wir leiden am bekannten Joch
so traurig sahn wir nicht als Kind

Ohne Augenzeugen

Der Wagen in Straßenmitte
von links: ich bleib stehn
und blicke nach rechts wie es Sitte
und Ordnung erheischt vorm Gehn
Da kommt ein Wagen entgegen
jäh dicht an der Nase vorbei
flitzt der linke verwegen
mein Fuß in der Schwebe den Schrei
in der Kehle wie eine Kugel flog
der Tod um die Ecke bog

Der Turm

Er hoffte auf Einlaß: zwei Großmeister
klopften vergeblich für ihn an: immer vergeblich
hoch und höher wuchs der Turm auf der Insel
die fortgesetzte Kränkung mit jedem neuen Stein
Einmal zerriß er das Bild des Baumeisters
wie eine falsche Meinung sah sich wütend
hochgehen im Spiegel hörte die vielen Zungen lästern
Stacheldraht gezogen zur Bewachung Rauchfahnen

Gutgläubig sah er die Handwerker am Bauen
spannte sich weiter auf die Hoffnung
auf ein Fest an einem allgemein
als schrecklich empfundnen Sonntag
Da platzte die Hoffnung über dem Berliner Himmel
riß einen Abgrund auf durchdringend von Schmäh
schärfte aber seinen Blick fürs Gerechte
Seitdem irrt die verlorene Hoffnung

vor fremden Gärten unter Aufsicht gestellt
reizte ihn das namenlose Dasein
zu Zornesausbrüchen Versteckspielen
Unsere Republik sei nicht Polen hieß es einmal
Es lebe die Freiheit des Worts dachte man Unterdrückung
Gegen die Mächtigen bekam einer den Mund nicht
mehr zu wie Tasso sagte was er an Willkür leidet
Ein Turm solle keine Zwingburg sein unter Deutschen

Er schätzte Höhe und Tiefe las fälschliche
Vorwände gegen sich an der Mauer manche fürchteten
seine Teilnahme am Turmbau Nun also das Loch:
Est ubi gloria Babylonia?

Die Photographie

Das Foto zeigt den Mann in jungen Jahren
nach Grodek starb er: Bild täuscht Dauer vor
es fließt vom Dach die Zeit läßt nichts bewahren
stundreißend schnell sein Leben sich verlor

Wenn alles ruht ermüdet Lust und Leiber
auf weißem Grund erregen Träume Schlaf
Gewalten teilen Mensch und Tier Betreiber
vom Ganzen läßt ungerührt was uns betraf

So sei Zeitgegenstand o Herz drum schlage
daß sanft in roten Wellen Lebenslicht
zum Auge dringt dir Mut zustößt die Tage

dein Glück zu Recht die Zeit vertreibt Gespenster
So lang der Mensch auf Besserung hoffte bricht
die Zeit den Kreis und lockt der Blick vors Fenster

Veränderung

Wer bist du
wo du mich nicht mehr kennst?

Saßen wir nicht
gemeinsam am Tisch
aßen wir nicht vom selben Brot?

Hörten wir nicht
von der Mutter die nämlichen Laute?
Beklagten wir nicht
fremdes Übel und Leid?

Wer bist du auf Vorteil aus oder Neid
daß du mich nicht mehr kennst?

Blinder Narziß
unselig Hassender
aus der Hoffnung gefallener Mensch
deine Armut greift mich an

Miserere

I Höre die Geige flirren
steigen hauchzarte Töne
winzige Glaskristalle vom Herzen auf
in den Kopf reizen die Nerven
unter meiner Schädeldecke fliegen
zum anderen Ohr hinaus wie kleine
lustige bunte Vögel sich auf Blumen
im Garten sterbend niederzulassen
Ich sehe beglückt auf ihre Schatten
sinke zurück in meinen Ohrensessel
mein Blick schwer und schwerer
auf trübem Grund ohne Klang und Widerhall

II Das graue Haar fällt über die Qual
weht über die Mauer des Verschweigens
eingeholt von verwandten Stimmen
Vergebung bei der Christ-Erbarme-Dich Fuge
wünschend
ein Chor von Freunden –

nun seid nicht traurig
auf trübem Grund ohne Widerhall
was schmerzt greift belebend ein
vielleicht entzücken euch solche Lieder
wenn gar nichts hilft und lebenslanger
Haß wie Rauch aus Asche sich anzeigt
über der Stadt dem Land nach der Geschichte

Auch ein Ballet im Dunkeln
läßt Unerhörtes ahnen

Licht und Finsternis

Von rotblonden Locken erregt
Aufsehen vor dem Einlaß
Orffs Catulli Carmina soll steigen
dem hingerichteten Professor Kurt Huber
zu Ehren vom Orchester Chor herauf
über das Parkett zum Rang hoch wo ich sitze
höher zum Turm vom Gasteig hinaus in die Zeit

Anarchisch der Gewalt spotten mit dem Text
woanders herausgezerrt getreten wieder
in die Ecke geworfen junge Revolutionäre
denen Zärtlichkeit fehlte wie uns allen
die etwas vergessen haben und nicht aufgeben wollen
erschreckt zurückfallen in die Geschichte –
bei der Kälte macht jede Annäherung verdächtig

Oder will man sie in die Kirche treiben
wo sie ihr Recht bekommen? Liebesgesänge im Saal
mit Carl Orff eröffnet: Über Abgründe hinweg
steigt Sinn aus der toten Materie des Baus
Begrüßt sei das Ereignis für München
denn wo es leuchtet von innen heraus
da müssen wir es entdecken für uns

(Der Stadt München gewidmet zur Eröffnung des
Kulturzentrums Gasteig am 29. 10. 85 vertreten durch
den Oberbürgermeister Georg Kronawitter)

Hamlet der Zweifler

Du bist die Frage Hamlet
Nicht jede Frage stellt sich so
wirfst sie immer von neuem auf
die Schleier decken sie zu
Torheit nimmt die Aussicht
auf das halbe Meer vor Dänemark
Leg dir den roten Schal um Hamlet
wozu noch die Landschaft beschreiben
zum schwarzen Rock vor dem Thron
Die Schauspieler waren gut
Sein oder Verschwinden
ohne Qual keine Entscheidung
soviel hängt dir am Hals
Untergehen oder ein Königreich

König Lear

Der Einfall kommt nicht ohne Achtung
gar schlechte Wetter haben Lear erwischt
gelohnt die Güte blinden Glauben an die Töchter
Cornelias trockne Wahrheit unterschätzt
trieben ihn die andern fort Lumpenkinder
in Graus und Elend mit Narr und Diener
der zu Scherzen aufgelegt hätte immerhin
ein Laken sonst müßte sich der König schämen
hält Edgar für nen Sessel
im Wahnsinn reist sich's schlecht
o Herr von einem Ort zum andern
und die dich wirklich liebte stirbt erdrosselt
so daß sich nicht mehr mit deinem Spiegel reden läßt
wie gut die Schlacht noch ausging

Freiraum

Zerbrich die Vase nicht
in der das Wasser seine Form findet
nimm den Baum dir
frei gewachsen in der Luft
blühend zum Beispiel
ins Gedicht
für ungezirkelte Linien die Zweige
Vom Fuß bis zur Krone
dem Schatten befohlen
sich nach der Sonne zu richten:
Augenmaß und Ziel in der Zeit

Loblied

Lobet mir den Himmel
lobet mir die Erde
lobet mir das Wasser
was an einzelnen Orten
heimlich vorgeht
das müßt ihr verschweigen

Dahinter das Gehen

Dahinter das Gehen
in der Tiefe
auf dem Weg der Jahre

Über Dörfer Städte
fremde Länder
das Nahen und Entfernen
schlaflos träumend

Zwischen dem Umklammern
und Loslassen
brachen die Schritte der Lieben

Heute beim Zeitunglesen
schrecken Knaller
aus orangenem Auto
in der Richtung

Bald beginnt das Wasser
unumstritten zu schäumen
im Teekessel Schmeckt
das Getränk meinem Gast?

Computerzeitalter

Ein Computer für meinen Kopf:
die Daten der Gegenspieler gespeichert

mit Anschluß an wertfreie Systeme
die Tage der Mächtigen gezählt

Stütze bei blühenden Traum-Phantasien
bewahrt vorm Ausufern der Freiheit

Richtet über den Gang der Geschichte
zeigt List und Tücke des Dänenkönigs Claudius an

Vermeidet fremde Reaktionen auf Wahngebilde
entdeckt bei der Liebe den Kern

Durch die Unübersichtlichkeit der Gegenwart
die Zukunft ansteuern auf kleinstem Raum

Ohne Lust zur Fahrt auf andern Stern
Computer könnte falsche Schlüsse ziehen

in letzter Sekunde im All
vom Boden aus Aus

Schutzloser Augenblick

Die geerbte Messingtrompete früher
am Grünspan verstummt
ließ nicht mehr zum Angriff blasen

Was sich heute reglos wie vor tausend Stäben
an mich heftet hat Angst
Gedanken und Wünsche zu verlieren

wie das Gesicht vor dem Konzert
das lächelt scheu zur Seite
ins Gegenlicht als wär ein Ton

ein Stöhnen zu verschweigen hier
die Lust am Sehen staunend
zu begreifen wie unter Verdacht

Das Fahrtlicht an den hohen Fenstern
auf und niedergeht glüht und verschwindet
der schutzlose Augenblick klingt unaufhörlich fort

Ein Tanz von Rosen in unsrer Mitte
wo nur der Duft sich zeigen darf irre
betäubt ein großes Sehnen steht am Rand

Inselbildung

Vereiteln will der Fluß die Inselbildung
zwei Köpfe zwei Herzen auf einem Grund
verdrängen immer wildere Wassermassen
der Fluß entreißt dem Paar den Fund
Muß er die Erhöhung fürchten hassen
sie gegen sich vereinigt sehn beim Kuß?
Der Mond versenkt sich in die Schilderung
Walther von der Vogelweide noch zum Gruß

Nach Lichtenberg

Um Klarheit ringt vergebens
wer seiner Prinzessin
nicht den Fuß verstaucht beim Tanz
daß er sie nach Hause tragen muß
oder das geliebte Handgelenk
nicht finden kann bei dem Tumult
oder der Kuckuck hat sie geholt
das Pfandsiegel darauf

Seestück zum Schluß

Zum Schluß nur noch Gedichte lesen
den Spuren nachgehen verfallener Schönheit
Zwischen den Ruinen der Epoche
die Mühsal der Gutwilligen abschätzen
Brandstifter und Mörder erkennen
Mit ein paar Handgriffen Illusionen
zerstören: Hand in Hand mit der Geliebten
an einsamer Küste zu wandern
Mit einem Scherzo
im leichtfüßigen Tanz der Verben
zuletzt in den Sand einsinken
für immer ausruhen ungefähr
ohne ihren Schrei noch zu hören
bei der Brandung der Lust der Möwen
der Ankunft des Schiffes

III

SPIEGELUNGEN

Märchenfiguren Blütenträume Kindheit wo?
Zeigt uns das Bild bei dem wütigen Grausen
Kein Ankerplatz frei das schöne Leben floh
bei den armen Kreaturen Ungeheuer hausen

Das Narrenschiff

Was hat die Nacht so düster gemacht?
Oder ist es das Meer wo das Narrenschiff schwankt?
Der Dirne scheint bei Trunkenheit wohl zu Mute
umarmt den Narren der lachend die gespreizten
Finger zum Himmel streckt weg von Aids
darunter wärmen ihn noch die nackten Schenkel

Mit Napoleonhut bläst ein Mann die Messingtrompete
während ein Mädchenkopf ertrinkend Hilfe ruft
Nonnenhände nach ihm greifen wozu obgleich
das Narrenschiff voll besetzt mit Todgeweihten
allmählich sinkt: ein müdes Mädchen wird Ophelien gleich
an ihrem langen Haar ins Wasser gezogen

Über den Rand hört es die tapfren Melodien
vor dem Weltuntergang mit Anschluß der Ängste
an kosmische Kälte Nacht Wind und blinder Sonne
Nur einer sich wacker stehend hält in seinem Wahn
und den Elementen trotzt auf dem Schiff der Narren
mit vereisten Wünschen unterwegs auf letzter Fahrt

Die Armee schläft mit den Steinen nach der Eroberung
der Bischof liegt erschöpft und spottet nicht
der dunkle Wolkenzug öffnet sich nicht mehr
Gold und Perlen Amt und Würden schwimmen fort
was einst gegrünt schwärzt uns den Blick bei dem Verfall
das Gesetz stand einmal auf festem Boden mein Korporal

(Nach Albert Birkle „Das Narrenschiff" – Zeichnung aus 1970, siehe Umschlagfoto)

Empörung

Getroffen an der Bahnstrecke Neisse-Neuland
rot vor den wütenden Frauen drohenden Fäusten
aus offenen Güterwaggons: der Beschimpfung
durch die Deportierten an einem Nachmittag Herbst 44

In ihrer Mitte
die flehenden Hände einer Frau
einer verlorenen Geliebten
zogen mich hinterher
Auf der nächsten Station
gab ich ihr die Flügel
von meinem Engel
Der Zug schleift mich noch immer

Auf Reisen gehn

Mein Sinn der Blick voraus warum fliegt er nicht
kann er das Glück nicht frei erjagen?
Die Insel lockt die Fahrt auf See
ein stilles Haus was läßt mich hier verzagen?

Der Ortswechsel kommt mir im Traum
wer bindet zum Reisen die Schuhe?
Beim Frühstück fragt mich die Frau
was ich in der Ferne schweifend tue

Das Traumpferd – Sonett

Eh nichts mehr geht Pierrot spiel uns was vor
im Trab laß laufen ein schönes starkes Pferd
zu Goldregen und Musik im spitzen Ohr
mit unserm Traum rot gesattelt und beschwert

durch die Arena bis an weißen Strand
soweit die Füße tragen übers Ziel
hinaus die Sterne stürzen auf Neuland
gewinnt die Einsamkeit mit uns das Spiel

Vielleicht der Glanz vom Pferderücken gleitet
aufsitzt und klammert sich die Liebe fest
und Fischer sehen was da oben reitet

und sich im Liegen gibt den letzten Rest
Beim Hufegetrappel will das Glück aufspringen
die längste Nacht ein glückliches Vollbringen

Rettung ins Freie

Ein kreisrunder Lichthof nahm
mich blendend gefangen

Ausbruchsversuche wie in einem Ring

Kopf und Füße glaubten sich zu erheben
beflügelte Phantasie gegen Vereinigte Schauerwerke

Stoße an eine Wand jedesmal hart
zu Boden fallend Berechnung

Mühsam die Armbewegungen
traurigen Schwimmer nachahmend

Licht für Wasser angesehen
das forttrüge über Wellenberge

Herunten zeigen sich lautlos stimmige
Bilder von E. A. Poe bis George Grosz

Klopfendem Geräusch entnehme ich
dunkel Rettung ins Freie Durchbruch

auf eigene Faust

Erschöpfte Vermutung

Die Liebe durch Worte erzürnt
den Kopf ab von der Blume –
noch bevor sie sich einander gaben
die Begierde des Geliebten sie anfiel
wie ein lange wartender Schrei
aus der Einsamkeit zum Glück
verließen sie sich von Kälte
verschreckt und das schöne Gefühl
Auf Haut und Haar fehlt ihnen das Mal
der Umarmung

Nymphen

Mißbraucht geschändet Der sie nicht liebte
gewaltsam eindrang in die Scham Wollust
verletzte ihr Gefühl der Schmerzschrei trübte
unendlich und rächt künftig den Verlust

Wo steht geschrieben: Vater Bruder achten
das eigne Blut beschützen vor Gewalt
das Mädchen das zur Blüte treibt sie wachten
schlecht der Überfall macht furchtsam-kalt

Der Schreck sitzt tief die Freundin kommt in Hosen
zur Zärtlichkeit bereit zum Lieben mal
vergleichbar mit den wildentsprossnen Rosen

im Garten stehend voll von Lust und Qual
Den Duft verströmen die Gewaltlosen
wie den Nymphen sapphische Liebe zugestoßen

Der Rabe

Die Mauern befestigt mit seinem Lied
die Mauern halten den Mann mit dem Boden
verbunden im Blick auf Familie Freunde
Bäume Himmel das Kreuz zu Füßen im Kopf
tragend gestreckter Leib blutige Nägel
Auferstehung vor ihm das Licht zum Greifen
nah der Berg soviel Weisheit nötig wie
unersteigbar in einem Leben auf der Höhe
von allen Seiten ein schönes Feuer Freudenfeuer
wäre der Rabe nicht übers Haus geflogen
                                        in der Zeitphase
ein langes langsames Bild mit krächzender Stimme

Vom Unsagbaren

Im Zentrum der Stürme
über dir eine Göttin dient
dem imaginären Lenker
deinen angeschlagenen Kahn
nicht am Felsenriff zerschellen
lassen im Wahnsinn
den Bootsmann heimlenken
in ruhigere Gewässer
wo aus der Tiefe leuchtet
was heutige Menschen nicht mehr erschaun
mit Edelsteinen schlecht vergleichbar
roten Rubinen eingefaßt von Brillantweiß
hinunter gelangt birgt man Schönheit
selten taucht noch ans Licht
der von der Erscheinung ergriffen
für sich behält die Treue die Zauberkraft
die Hilfe in Not genießt die Entdeckung

Scheinbar ruhig fließt die See wieder
Wie geblendet du bist ein Geist
ob es nicht Wahn Täuschung Irrtum vollbringen?
Unsägliches strömt mächtig dem Gefühl zu
brüderlich vereint von Liebe wasserkieselberührt
aber die Menschen kehren wieder mit einem Recht
am Erlebten

Bei Taglicht sieht er den Retter im olivgrünen
Mantel kommen der blickt scheu verlegen weg –
kam die Göttin verkleidet auf der Straße gegangen?
Nur keine Liebe zeigen o Mensch! Im Zweifel weiter leben
sich der Lilie im Chaos bewußt werden

Fazit

Die Welt umspannt Satz für Satz durchdrungen
demokratisch gegliedert ohne Pathos das Ich

Mit der hohen Meinung von klein auf gebrochen
vom Ort in mir nie losgekommen

Die Menschen bei ihrer Zielsetzung gesehen
vernichtet in schreienden Bildern

Vom Leben in schwindelnder Höhe geträumt
verflucht im Alter die steinerne Schwelle

Das Nest gesucht aus dem ich kroch
zeitlebens Maßstab früher genannt Liebe

Auf die Toten ist kein Verlaß mehr

Tragikomödie aus dem Geist der Musik

Am Faden mit der Schönheit
Mahlerscher Klänge scheiternd
Im Fenster fällt rotes Pflaumenbaumlaub
auf die verhinderten Gäste mein Auditorium
Guten Abend liebe Abwesenden! Offengestanden
hat man sich einen Scherz mit der Einladung
zur Dichterlesung im Stadthaus erlaubt
Verwundert sehen Sie nach der Absage jetzt
die Requisiten leere Stühle Lesepult Lampe
im Freien stehen wie Sokrates nach Gründen suchte

Die Veranstaltung ist eine neue Erfahrung für mich
das Mondlicht verstärkt noch den Eindruck
der Illusion in der bayerischen Landschaft
Sie werden das Laub rascheln hören sobald
ich anfange zu reden Alles zauberhaft! Romantik
Durchblicke Einblicke erfinde ich in das abgelaufene
Regenjahr Schmutzige Wäsche wird gewaschen
Börsenmakler
vor dem Ausziehen Bemerken Sie die Collagen!
Zwei spitze Schuhe zeigen über Leichenberge
schwarz nach Aufheiterung suchend die stummen Schatten

Eifersuchtsszene

Gebe unumwunden zu
daß ich mich jenseits
von dem Leben eingerichtet
ein höheres Gefühl brauche
um das Abschleifen im Alltag zu ertragen
seit dem Donezfeuer im Mai 1943

Möchte trotzdem mein Dasein
erklären als Möglichkeit einer Hoffnung
nicht als Unfall der Zeitgeschichte
oder Ekelüberdruß bei der Zeugung

Das zweite Leben das wir über
dem tatsächlichen heimlich führen
neidet uns denn wie die Absicht von Dauer
mit universaler Eifersucht

Am Los Angeles River

Wenn mein Lied ertönt
kannst du es nicht hören
was von der Straße herauf dröhnt
wird dich kaum betören

Was meine Nähe flieht
kann in der Ferne nicht ruhen
so wie der Fluß durch Brücken zieht
steckst du in deinen Schuhen

Dein Ärger klingt gar echt
im Briefffluß die Wörter schwimmen
und blinken anglergerecht
vielleicht tuts sich nicht ziemen

Die Fische lauschen still
mit feuchtem Leib auf Töne
und zwischen Traum und Will
verfing sich mancher Schöne

Hin und zurück

Was jung willkommen war wie Morgentau
fliegende Stare in breiten dichten Scharen
erfährst du stürzend heut: Aufklärung Zuwendung
würdest du nicht verdienen bei den Jahren
Was können Blumen ungelesene Seiten
verschwiegene Wünsche ausrichten bei dem Licht
wo die Kraniche die Luft meiden
fernab kreischen sie in langer Reihe
sehen wir die Straßenbäume zittern
von Spähern umstellt Gefahr wittern
der Schmerz im Auge ergrimmt
sich alles trocken hart zeigen muß wie Schreie
tauchen wir ab im Untergangsgefühl
wo das heimliche Feuer glimmt

Widerstandmessen

Unerwidert haschte der Wind
nach ihrem Lächeln
ein kühler suchender Blick
verrät nicht was sich traf
im Glanz der Pupille
erstarrt zu trauriger Figur

Bald stellt sich eine andre vor
im schwarzen Lederkleid voll Schwung
schenkt das vermißte Lächeln her –
was jene im Rätselstolz versagt
dem Hoffen seine Schwingen stutzt
fährt jäh dazwischen siegreich

Paradoxon

Je suis la plaie et le couteau!
Charles Baudelaire

Mich traf die Kugel und das Messer
ich war der Schütze und der Leib
am Baum der Hungernde der Esser
ich liebte unterlag dem Weib

Ich bin die Haut von Freund und Feinden
fall aus der Freude in den Spott
geh mit Verlassnen Beweinten
verfolgt von Lachen in den Tod

Ein Grab voll Lieder (Heinrich Heine)

Die Geschichte der Emanzipation
der frenetische Beifall und Haßausbruch
bezeichnende Ursache für das Unglück
seiner Biographie: auf die Spitze getrieben

So trefflich vergleichbar und genau
kehren die Umstände wieder hierzulande
bedanken sich im Zeitspiegel
verzerren den kritischen Betrachter

Wir heben das Dunkle auf
wenn an den Rand gedrängt
sich der Lichteinfall nimmer
mehren läßt die Tankstelle hat geschlossen

Mit knalligen Farben verkehren jungen Lauten
die Moden haben Zulauf alle Eigenschaften
schicke Modelle bestimmen den Ablauf
der Gedanken die Vermarktung jubelt im Kopf

Die wahren Augen eingeschlagen
das Bild von der Masse gepachtet
erregt der Flaneur mit seiner Neugier
das Mißtrauen der Wetterfrösche: Abfahren

In seinem Grab möchte ich nicht liegen
die Zerrissenheit findet keinen Himmel
Luther klebte Zettel an aber die Zeit
des Ruhms ist vorbei Ein Grab voll Lieder

So decken wir uns gegenseitig zu Nu lach doch mal!
wer einen anderen findet der sich freiwillig
zu ihm ins Bett legt wird sein Glück sehen das Weiche
und denken bald wird auch das im Nevermore enden

Wir können den Tisch verrücken Romantik zulassen
die Lampe höher stellen als den Citoyen
es zerfallen die Dinge zu Daten blitzschnell
im System verbilligte Netzkarten erhältlich
verschlüsselte Aussicht zwischen Reigen und leeren Stühlen

Die nackte Maja von Goya

(Ein Gegenstand der Inquisition)
um 1800

Geliebte Herzogin von Alba Opernstar
schön wie die Venus von Milo
der Maler zog sie an und aus: solo
sein Pinsel legte in rosa Farbe dar
die runden Formen zum schwarzen Haar

Was sonst ihr dunkles Kleid der Schleier deckt
ein makelloser Körper voll im Saft
o Mann die scharfen Augen meine Leidenschaft
dem Bilde abgeschaut was uns befreit und trägt
über die Zeit den Liebessturm erregt

Das Erschießungskommando

Wer schiffte sich nicht lieber nach Cythera ein
legte sich nicht weich zur schönen Maja von Goya
wer zeugte nicht ein Kind auf Wunsch: ein Mann zu sein
mit Jugendmut im Alter heißgeliebt sich schenkend oh ja!

Die Norm verachtend Herr Minister Spießer Bürgersohn
sieht er die Angst der Opfer die Empörung steigt
in seinem Blut er kennt den Aufstand die Religion
der böse Krieg hat ihm das blutige Gesicht gezeigt

Rebellen schuldig oder nicht an die Wand gestellt
aus Menschen werden Brüder springt vom Augenlicht
das Grauen auf die Schatten der Gewehre
das Kommando gellt!
In die Münder feuern die Gesichtlosen
da der Mörder spricht

(nach dem Bild von Goya auf den Aufstand vom 2. Mai 1808 in Spanien und dem Gemälde von Manet „Die Erschießung des Kaisers Maximilian von Mexico“ im Jahre 1867 [Neue Pinakothek München])

Aus naher Ferne

Ein Schattenbild im Fenster
einsam schlank und groß
kein Mond und keine Libelle
Lenz im Sinn eine Ros

Die Rose auf der Heiden
später blüht vielleicht
mußt warten dich bescheiden
ob sich die Nacht noch gleicht

Unterpfand der Schöpfung

Erschreckt bist du abhängig heut
vom Computer krank die Wälder
der Zwerge Feen und Menschenleut
ich bin der alten Liebe Melder

Geh bitte nicht von mir fort
nach jener dieser Stunde
du weißt keinen bessern Ort
geführt in meinem Munde

Was hinter Tisch und Tür
dich lockt zu neuen Zielen
ein Märchen biet ich dir
ich brauch dein zartes Fühlen

Reiß dich nicht gewaltsam los
verfallen bin ich dein Leben
Es sinkt des Ruhms Gewicht aus groß
mach klein für unser seliges Schweben

Deine ruhige Anwesenheit

Frau du hast mir heute einen Apfel geschält
eine halbe Breze mit Butter geschmiert
und ein Wiener Würstchen dazu gelegt
die Treppe hoch an meinen Sessel gebracht

Wie soll ich dein Anschaun gutmachen im Leben
die Zuverlässigkeit deiner Schritte in vierzig Jahren
ohne beim Nachdenken zu erröten flugs
auszuweichen auf ein mystisches Bild

Deine ruhige Anwesenheit sieht mich
hilflos bei dem was ich tue unterlasse
da mich kein Zifferblatt zwingen kann
Farben und Regeln zu kennen gegen die Langeweile

Mein Blick zur Tür

Mein Blick zur Tür hat
etwas Fesselndes Wenn du erst
einmal erscheinst bist du gefangen
und löst sich dein Widerspruch in mir
denke ich im dichten Zusammenhang
mit unseren Körpern

Wohl könntest du noch umkehren
und eilig vor dem Gedanken ausreißen
bevor du über meine Schwelle trittst
und in meinem Raum versinkst

Aber wenn ein anderer die Tür öffnet
der Unerwartete mich abholt
oder Verwirrung bei mir stiftet
bevor du endgültig kommst und dich
mir ergibst ist mein Verlangen
nach dir zerstört und das Ende
der Zeile reimlos für immer

Vielleicht wollte ich alle Reime
auf das Leben
eine unbestimmte Zeit verschieben
oder für mich behalten und dich
draußen vor der Tür stehen lassen
um auf die tiefere Bedeutung
deiner Worte zu stoßen

Allein vor seinem Bild

Laßt mich ziehen ich muß weiter
kenne einen Weg den keiner mitgeht
wie Judas küßte wollte ich wissen
und wie der Kuß sehnsüchtiger Liebe
schmeckt Mein Vater war ein Reiter

Ich schreibe also bin ich fremder heute
den Rosengarten hab ich mir nicht ausgedacht
bei Schelmen Rohen abgründig Hassenden
verdarb ich mir das Essen und das Licht
am Wege traf ich den Sohn anderer Leute

Im Saal herrscht Schweigen vor den Mächtigen
die Untat maßt sich gegen IHN das Recht an
eiskalter Schauer fällt auf das reiche Land
in unterdrückter Verteidigung sein Bild ruht
wie Freunde sich gekrümmt vor dem Verdächtigten

Ich komme womöglich durch

Kann ich es fassen so bilderreich
und durch und durch mit Musik:
das Glück im Augenblick als wärs mein letzter:
Bücherrücken in allen Farben
die Gewißheit großer Namen um mich herum
Lampen brennen an der Wand unter der Decke
und auf dem Tisch während der Plattenteller
„Die Zauberflöte“ abspielt und alles
in mich eindringt in mir Frieden stiftet
und zusammenheilt kein Sterbenswörtchen
ist zu reden über Terror oder Lokalpolitik

Deutlich die Zeichen wegschwimmen sehen
aus der verbleiten einspurigen Stadt
in ein altes Zuhause
Liefe nicht die Tischuhr vergäße ich jetzt
die Zeit neben dem Telefonapparat
Wer hat mir den portugiesischen Zinnteller
so schön mit Äpfeln gefüllt
wie mit einem Mädchenlachen?
Ich glaube ich werde eine Kerze
in ihrer Mitte anzünden und mich einmal
über alles ausweinen was sonst passiert
im November 79 Niemand nimmt mir
das Licht im Augenblick aus der Hand
es brennt ganz ruhig vor meinem Glück
so beglaubige ich mir in der Stille
die Hoffnung auf neue Ideen
auf freundliche Weiten
und ein wärmeres Land
Ich komme womöglich durch ohne zu hassen

Rufe

Doch pflanzt er eine Rose
in dem Garten
als käme der Duft
seiner Geliebten nie mehr zu ihm
Doch hört er ihre Stimme
leise zärtlich warten
(als wenn die Hormone immer blühten) –
sie sei es
die durch die Rose
schweigt und seinen Namen ruft

Wiedersehen

Im Taxi leuchtete kurz sein Gesicht auf

Unsere Blicke trafen den Punkt hielten ihn aus
beim Bruder Sisyphos

Durchmaßen geraume Trennzeit Ruhelosigkeit
dann verflog sich der Gedanke scheu in der Dämmerung

(An Rainer Kunze)

Gedichtanfang

Wie war das letzte Nacht eine Vision
Der Mond schien mir zu hell darin
wollte ihm etwas wegnehmen vorm Vergessen
Vielleicht fällt mir das Geräusch wieder ein
aufziehende Wache hallende Schritte am Wall
beim Rundgang im Gefängnishof van Gogh's
Schade daß mir der Gedichtanfang verlorenging
wie eine private Einladung aus Ostberlin

Die Venus ohne Frage (nach Cranach)

Die Lichtgestalt weiß nicht
aus welchem Reich sie kam
ringsum von Rosenblüten Blättergrün
ein weißer schlanker Leib im Frühlingsduft
ein Wehen von erstaunter Ungeduld
hinüber gleitend wo nur mehr Träume
weiße Tauben vor dem Fenster fliegen
kein Augenblick der Scham vor dem Verlust
richtet sie sich auf jungfräulich
als hätte sie ein Mann zum ersten Mal
mit einer ungeheuer eingezwängten Leidenschaft
entführt aus dem geteilten Land ins Paradies
Ihr Bild steh mir für Cranachs Venus ein
so lächelt keine mehr wie sie und überschreitet
alle Grenzen sportlich leicht beschwingt und hell
von der Idee sollte die ganze Menschheit genesen

Dieser Frühling

Wir haben ein neues Beginnen im Sinn
lacht nicht! ein Narr auf dem Schiff
wer heute barfuß am Quadrat entlang
auf das finstere Loch zuläuft
ohne dem Abgrund mit Illusionen
zu begegnen wie leicht er vorbeikommen könnte
wie sich seine Zukunft verlängert durch das Warten
auf die Wiederholung der gestrichenen Party Eichenlaub
und dein Tisch im Museum

Kippspiele

Wo zwei mit jeder Hand umklammert
rechts und links Balken tragen treppab
sah ich ein Geschick
und dacht mich schwindelfrei
Der Vordere sich nicht umdrehen darf
der Hintere ihn nicht einholen kann
wenn einer stolpert fallen beide
weil keiner den Balken losläßt des andern:
beim Überschlag still verbunden auf dem Kopf stehend
Sag aus welchem Stoff die Klammer ist
die noch im Absturz beide hält
Wer mag das Männchen in dem Spiel
wer das Frauchen sein beim aufrechten Gang
wo soviel ausgespart wie Höhe Tiefe das Gewicht
die Augen seien traurig-stolz im Glück
heißt das was mein Herr?

An der Haustür

Horch wer kommt
zu später Stund
geläutet hat's an der Haustür
      Ach der Wind der Wind das
      kann es gewesen sein –
Du irrst ich habe ein
Klingelzeichen gehört
      Wer würde denn so spät
      Einlaß begehren bei wem
      was wollen wo keiner aufmacht
      dem unangemeldeten Gast
Es ist niemand da zum Zeichen des Aufbruchs
muß eine liebe Täuschung sein
      Denk nicht länger daran
      wenn der Wandrer bebt

Die Verheißung der Kröte

Vor dem Pfahl bleibt mir
die Kröte sitzen äugend
ob ihr vom Schatten Unheil drohe

Wie in Gedanken atmend
sprüht sie das Gift schon aus?
Langsam kriecht die Kröte weiter

auf den grünen Fleck ihres Landlebens zu
die Oberhaut sich abstreifend
den feuchten grauen Mantel anzuziehen

So sieht der Märchenkönig aus: quak quak
rundlich kurzbeinig und warzenbesetzt
bevor er sich verwandelt vor der Prinzessin

Wie Kröten wandern alle Jahre unfehlbar
hin zum Wasser auf die Laich
muskelspannend rufen Männchen nach der Liebe

darauf in langen Perlenschnüren
die Weibchen ihre Eier legen
und das Wasser pflanzt sie fort in Liebe

Wieder starrt mich funkelnd eine Kröte an:
Wieviel ich von der Sorte schlucken mußte
zähle nach bis mir der Sinn meiner Wanderung bekannt

Seit wann

Seit wann höre ich
keine Lerche mehr trillern
seit wann bin ich
die Lange Gasse nicht mehr
hinuntergelaufen am Brandmeister
vorbei den Totengräber holen
im schmalen Gäßchen dahinter
wo die Gänse wild entgegen schnatterten
wenn einer den Hof betrat
wie ich in Sepplhose barfuß
mit kohlrabenschwarzen Knien

Das war gestern in Neuland gewesen
vor fünfundfünfzig Jahren als der
Vater noch das Eisen auf dem Amboß
jeder hatte ihn gern
jeder sage: Ich mußte ihn einfach gernhaben
vorbildlich denn er duldete keine
Feindschaft zu Menschen und Tieren länger
das war mir neu im Vergleich zur Mutter
unbegreiflich sogar damals und
unvergänglich heute wie der pfeilsichere
Schwalbenflug in das Nest im Kuhstall

Ob das Leuchtende daraus

Ich kenne das Mittel das dich ergreift:
Orphischer Gesang und eine fremde Schöne
Äsops Sirenen verstopfte Ohren stöhne
mit deinem Odysseus gefesselt gereift

Verschmolzen in Wort und Pein der Liebespfeil
steckt tief in deiner Brust ein Sehnen
zum Tod – wer mag es Lusterfüllung nennen?
Die Maske die Metapher nehme teil

Zurück vom Tanz am steilen Abgrund
der die ernsthaft Liebenden verschlingt
mit Werthers Klage still im Geheimbund

erträume die Vereinigung die umbringt
und sehe ob das Leuchtende daraus
hinüberrettet in ein schönres Haus

Ausblick

Für Renate Schostack

Schau mir jetzt zu:
ich hebe die Welt leicht an
merkst du wie die Erde ansteigt
und es aufwärts geht?
Wohin willst du blicken?
In ein weites Land
gehe ruhig den Berg hinauf
den ich dir in die Nähe gestellt habe
blau und unverrückbar im Licht
ein Zauber aus der hohlen Hand
Wer noch an die Liebe glaubt
geht mit mir in ein anderes Land

Blühende Petersilie

Dein langsames Atmen von Zeit
erregt bereits meine Phantasie
an der Hausfront blüht und gedeiht
        die
in die Stille des Bodens gepflanzt

Hinter der Ruine Nikolaikirche zieht
jemand ein Beet zum Blühen heran
jede Blume um Gesellschaft bemüht
        kann
ihren Kopf krausblättrig schmücken

Schon von Griechen und Römern geschätzt
das vielstrahlige Doldenblut
den Platz hält die Weißwurzel besetzt
        gut
und wichtig für uns zum Heilen und Würzen

Was bringt mir die Petersilie hervor:
ein Ratschluß Bild ganz Wesentliches?
Auch sprießt sie aus Gottes Ohr
        Unvergleichliches
zeigend: gestaltet mit uns die Welt

Wir haben nicht viel von der Sorte
so nützlich und bescheiden wachsend am Stengel
nie hochmütig streitsüchtig am Orte
        Engel
sollten so sein und frohe Botschaft bringen

Midnight

Nicht mehr politisieren
mit dem Rücken zur Wand
den Kuckuck holen lassen
was ich übersah
unter dem Ölbaum auf Rhodos
liegen im Traum Eselreiten

Lebenskunst

Auf den hohen Kopf Madame
fehlt eine mine dine Narrenkappe
wie einer Luxuspflanze im Fenster
tut klares Wasser gut

Ratschlag

Wenn das Leben an Sinnlosigkeit erstickt
schäle dir einen Apfel
und beiße Stück für Stück ab
als käme der aus dem Paradies

Gedankensprung

Ich suchte einen Flieger am Himmel
und fand eine Frau
sehnsüchtig wartend vor dem Telefon
ohne den Anruf von draußen

An der Wurzel

Absolute Künstler wie Max Frisch
überschätzen ihre Mission
unter dem Druck ihrer Passion
stoßen ihr Leben damit ins Leere
Die Erlösungsmetapher verblaßt an der Wurzel
hinter den Leichen im Grenzenlosen
Das Werk nimmt am Leichenzug teil

Ende der Legenden

Mische dich ein
im Text des Lichts
auf die höhnisch unterschätzte Weise
zu behüten gibts viel
Die gesprengten Gleise
Zeichen des Gesichts
die Täuschung vor dem Ziel
mit dem Gedicht allein
keiner will getroffen sein

Der Leuchtturm

Wir sehen die Blinkzeichen von weitem
hören die von der Brandung
erstickten Schreie um Hilfe

Man soll uns nicht nachtragen können
wir hätten von allem keine Ahnung gehabt
wären zu tief im Sumpf gesteckt zu kraftlos
um an Mauern und Tore zu trommeln

bevor die Biegung des Flusses
der Stadt im Rauch verschwindet
die Ratten verlassen das Schiff

Was mit uns geschieht ganz groß

Weithin ernten Bauern Tod
Verderben dem Lied von der Erde
sitzt das Isotop als Fallout
stummer Herr nun im Boden
und übt unverfroren über
Mensch und Tier seine Gewalttaten aus
ist des Einen Zorn oder Warnung
gegen die stupiden Häupter des Fortschritts
Im anderen Falle fordert weiter
an der Pokerrunde verlorene Prahler
bis euch auch reicht die Strahlung ins Mark
So ähnlich hätte Catull gesprochen zu Cäsar und Konsorten

Soldatenfriedhof

Wie taufeucht die Ränder
Ich kam durch Irrtum her
in der Mittagssonne keine Menschenseele

Was hat hier geherrscht
Feldkreuze statt Steine Namen

Wes Kind in der Ukraine weiß
wo sein Vater starb gefangener Soldat
Blütenweiße Kleider spinnt die Luft

Ich muß umkehren die Gedanken
wo ich entkam im Osten der Stille

Am Seehaus Mai 1986

Armselig schlägt das Herz
unter der Mittagsglut
für sich allein
Wer oder wen verrät es?
Reicht das Vertrauen in die Menschen
bis zum natürlichen Ablauf hin?
Groß ist das bange Fragen das Knistern
macht mein Herz oft ratlos
vor der Antwort zögernd wie irr

Atomspaltung – Wiederaufbereitung

Nun sagt uns nicht ihr lärmenden
kraftstrotzenden Bläser
auf der dumpfen Atom-Trompete
die WAND in Bayern Deutschland
sei leergeblieben seit die Giftwolke
aus Tschernobyl über unsere Köpfe zog

Die WAND DES UNHEILS von morgen
ist vollgeschrieben von vielfältiger Hand
nicht Feigheit tönt aus Volkes Stimme
das seine Heimat Gesundheit mehr liebt
die falschen Töne der Trompete
des Herolds Zweck und Auftrag nicht verkennt

Aufheben verschenken

Sei nicht ungerecht
sage ich heut zu mir
ein Amsellaut stürzt
herab ins Gras
Warum ich ihn nicht aufhebe verschenke?
Ich leide an mir
in den unversöhnlichen Stunden

Zürich gelöst

Das Rollfeld unter mir
beim Anflug auf Zürich
mit dem Koffer unterwegs
woher die gelöste Stimmung?
Für drei Tage aus dem Zirkelschlag
der mit Beschatten beginnt
und die Uhr verstellt verrückt

Reißender Bach

Ein Ball flog dem Jungen
in reißenden Bach
der Junge lief eine Zeitlang daneben her
der Ball konnte nicht herauskommen
Weil der Junge nicht in das
reißende Wasser springen wollte
verlor er atemlos geworden
seinen Ball aus den Augen

Briefantwort

Teile die Unrast
es gibt ein dunkles Wort
wo sie einhält
fürchte den Ort
sei lieber mein Gast
zum Essen bestellt
Bald täuscht uns die Einfachheit
ohne Klappern der Zeit

Junimond

Am Ende der Lenz
der sich geleert hat von Hoffnungen
Revolution machen die andern
zertritt die Spinne
gram sei den Fäden im Winkel
Komm ich lege dir mein Tuch
auf die zarten Schultern
Wonnemund
fröstelt leicht

Tonband läuft

Wenn du eine unstimmige Nummer
auf deinem Telefonapparat eintippst
und den Hörer abnimmst kannst du
eine Überraschung erleben: wie wenn
Unberechtigte sich dazwischenschalten
läuft eine laute Stimme vom Tonband an:
als hättest du eine Auslandsverbindung
nach Rußland gewünscht daß du den
ungebetenen Sprecher anbrüllst:
Das habe ich garnicht verlangt!
Am anderen Ende wer weiß wer aufsagt
verdächtige Stimme in deinem Zimmer
ungerufen automatisch per Telefon da
ein Fall von Echo ein physikalischer Vorgang
nicht seitens der Bundespost lautet die Auskunft
du denkst man sammelt Punkte gegen deinen Kopf
die Einfälle der anderen nehmen zu:
eine Falschspielerrunde

Brechtsche Anzeige

Es gab Zeiten
da schützten Aufzeichnungen
vor Torheiten

Strahlenverseucht

Wenn jemand ein Röntgenbild mit seinen
Lungenflügeln am Flurfenster aushängt
soll das bedeuten: die Durchleuchtung
hat bei mir stattgefunden: schattenfrei
Oder: es wird Zeit den Bau zu verlassen:
strahlenverseucht
ein Bilderrätsel zum Deuten beliebig
nur nicht zum Lachen über die Zukunft

Kurzer Aufenthalt

Wir umkreisen manchmal Menschen und Dinge
aus gewisser Entfernung um uns später
an die Vergeblichkeit tieferer Neigungen
erinnern zu können: ob das Vermißte
seinerzeit im Dunkeln stand harrend
vor einem Steg Baum Fenster
oder ob es herablassend auf uns blickte

Ein zweites Mal leben

Eine Hand aus der Schlinge ziehen
die andere am Steuer bei der Entfernung

Abwehr und Verlockung zugleich
eins steigert das andere zum Durst

Mit einer Handvoll Reis
die Erde neu vermessen

Himmel und Berge ins Wasser stellen
für stille Augenblicke die Illusion von Zeit

Schreibend an kein Ende kommen
überall wartet schon die Liebe

Das sechsstöckige Treppenauge

Vorstufe die Himmelsleiter Dachdeckerleiter
die cäsarische Leiter zur Erstürmung von Bastionen
die Wendeltreppe im Naumburger Dom kühner Entwurf
für die geschwungenen Treppen des Barocks
zu den berühmten künstlerisch technisch
vollendeten Treppen der Loire-Schlösser
bis zur Pariser Oper: immer ging es hinauf
zu der höchsten Aussicht den Gemächern
Ateliers und prunkvollen Galerien Fuß auf Fuß setzend
und wieder hinab zu den Niederungen
des Alltags dem Dampf in allen Gassen
auf den Boden der Geldboten und von anderem Gewerbe

Deren Steigung nach dem Schrittmaß berechnet
in der Neuzeit nicht mehr den Kulten unterworfen
legte die Architektur ihre Reifeprüfung ab beim Aufgang
Ausgehend von den Freitreppen der Kaiserpfalze
massiven Bestandteilen auch in Sakralbauten
und Pyramiden führt die sechsgeschossige Treppe hier
gebogen um das Treppenauge herum vom Keller nach oben
wo ein flachliegendes Fenster Licht einläßt
und kegelartig sich nach unten ausbreitend
ein gedämpftes magisches Zentrum erschafft für Gespräche
Durch einen goldschimmernden Handlauf am Geländer
vor Stürzen gesichert aber nicht frei von Gefahr

für Selbstmordkandidaten die sich zügig zur Erinnerung
hinüberschwingen zum Sprung in die Tiefe aller Träume
und unten auf dem italienischen Marmor aufschlagen
zum Zeichen des Todes blutige Flecken hinterlassen
Mordgedanken wollte der Maurerpolier Raum geben
als der kritische Bauherr neben ihm stand aber mit
Nachdruck
Beim Rohbau leichtfliegend ohne Geländer vom Dach zum
Keller

Flipperautomat

Nun weiß ich Bescheid: der Mann im Mantel
war Born der ging am Savignyplatz zum Flippern
kurz vor Sense angenehme Unterhaltung zu zweit
der Stumme und er wenn sich kein Mitspieler anbietet
Zigaretten tauscht ohne ein Wort Sehen ihre
Blicke auf dem elektromagnetischen Feld spiegeln
wie die silberne Kugel rollt und punktet
von Turm zu Turm anschlagend manches Tor
ausläßt öffnet über den Abgrund stürzt abkommt
von der leuchtenden Bahn wie im Leben kostet
jede Berührung Punkte die Zählwerke rasseln hoch
Ich kann bei Born den Puls fühlen Leute

Kein Gejammer nur Gewinner keine echten Verlierer
wie bei der Dame an der Bar lächerliche Staffage
auf dem Spielfeld der Tummelplatz seiner Aggressionen
für ein paar Münzen kämpft er mit Nachdruck rechts links
auf Zufall und Geschicklichkeit eingestellt wie Marlene
die Impulse übertragbar Haut Herz Geschlecht getroffen
das Spiel erhebt ihn scheinbar versinkt er mit
der Kugel im schwarzen Loch da bis alle fünf verschossen
Game over anzeigt! Ihm gab das Flipperspiel das subversive
Geheimnis preis das über Klatsch und Schadenfreude
siegt ach Nicolas du spieltest um dein Leben um den
Höchstpreis hieltest den Zerfall auf ohne Psychiater

Er vermehrte phantastisch seine Chancen hört hört
belehrt über Unfall und Tod bösem Ende Born wußte
über seinen Körper Bescheid leidend ein einsamer
Mensch in Berlin das Wort wiedergefunden das er bei
den Leuchteffekten verschwiegen mit kühler Miene
was am Gegenspieler für den Augenblick aufleuchtete
und wieder verlosch: selige Täuschung über Erfolge
Zukunft Vergangenheit neues Beginnen wie im Gedicht
Aufhören die Treffer wenn die Liebe versagt
(An Harald Hartung)

Was die Dinge belanglos macht

Gehe und weine
du schöne Garonne
deine Schultern werden die Welt
nicht mehr ertragen ohne mich
wo der Sonnenstrahl sich traf
fließt das Wasser silbern-staunend
dem Unendlichen zu
Was im Augenblick zu sagen vergessen
jäh das Angesicht verletzt hat
säumt einst das Ufer das Grab
Gehe und weine verschlossene Zopfschöne
oder du hast nie mit den Wellen
meinen Herzschlag gespürt Tag und Nacht
und was die Dinge belanglos macht

Es gibt überhaupt keine Hoffnungen mehr

Deine Stimme rufe ich die bleiern-trockene
Fremdling unter der Uhr der Kammerspiele
im blauen Anzug zu weißen Socken
auf die Premiere wartend das Schauspiel
weil Leben unsere Möglichkeiten nicht ausreizt

Fremdling mit Brille ungeliebt
im Alter was keinen Profit verspricht
in der Uni vom Stil her als altfränkisch verhöhnt
unbemerkt steh ich an deiner Seite
verborgen im Schatten meinen Buckel ahnend

Auffallend daß Festredner die wichtigsten
Themen heute vergessen die dein Werk hervorbrachte
als wären Krieg und Frieden krebsig entartet
als paßten sie nicht in die Glieder einer Kette
die von Zeit zu Zeit aus dem Grunde riß

das Verschweigen rettet die Blüte über den Frost
wo der Absturz mit Geigen versüßt wird oder Geld
und der Freund ein wärmeres Mäntelchen sich wünscht
Wir kennen uns doch schon länger bei der Hängepartie
ich komme noch mit einer Hoffnung zu dir als Bruder

Aber es gibt bald keine Hoffnungen mehr
nicht mehr für uns Fremdlinge hierzulande
wir retten uns in die Magie der Sprache
um die Wahrheit der Fälschung noch zu ertragen
Wir ziehen nichts aus dem Hut für Freundesverrat

(Zum Achtzigsten des Dichters Wolfgang Koeppen)

Empfangsdamen zur Begutachtung

Über das rote Tischtuch läuft
ein Spitzendeckchen vor vier Damen
die eine drückt sich den schweren Busen spitz
und sitzt am Rand fast oben wenn sie kamen
verdeckt im mollig-süßen Unterhöschen den Ritz

Die Letzte von rechts stützt ihren Kopf und sinnt
wie eine tugendsame einsame Frau
mit roter Schaukel und dem Kind
im Garten sonst wie schön die Liebe früher war
heut weiß sie es nicht mehr genau

Die Dame in der Mitte mit den tiefen
schwarzen Kulleraugen zum Bubikopf
die Hände in den Schoß gelegt
kennt ihren Preis die nach ihr riefen
bedient sie schön und gut erregt

Die Vierte mit streng-abweisendem Gesicht
täuscht Scham und Anstand raffiniert nur vor
die Hände still gebildet für das Licht
ergreifen die Sache wie im dunklen Ohr
der Käfer rumort nach außen nicht

(Salon I, Bordellbild von Otto Dix
entstanden 1921, versteigert 1986 zu 1,9 Mill.
bei Christies London)

Aus dem Treibhaus

Wehe man schenkt dir feurige Rosen
wehe wehe du nimmst sie gar an
und stellst sie vor den Spiegel
aus dem tritt ein fremder Mann
Aus wäre ein schwaches Drohwort
mit einer Rose fing es immer an
Wer war bei dir? Wie heißt der Mann?
Ich zerbreche die Rosen sofort

Morgen

Nun kommt ihr Nymphen
besteigt den Berg
fröhlich in weißen Sandalen
das lodernde Feuer ringsum
darf euch nicht weiter stören

Der Weg nach oben ins Licht
geht nicht durch die Hölle
er führt zur freien Aussicht
zur Säule Georg Büchners
die ihm sein Volk errichtet

wenn es in tausend Jahren
wieder erwacht nach schrecklichen Kämpfen
Niederlagen und Siegen um die Freiheit
wenn es die hellen Leiber der Mädchen
noch mit einer Vision schickt als Boten

der Künste der Liebe des Friedens
um Vergebung bittend die Menschheit
Nachsicht erhoffend bei den Göttern –
ach ich bin nicht überzeugt von dem Wandel
was uns an Schuld zukommt wird zu leicht abgetan

Was Nachricht gibt von mir

Du wirst mich nicht in den Kerben
meiner Jugendbäume finden können
nicht an den Säulen von Sounion wie Lord Byron
das Vergängliche erscheint als Gleichnis
im Gedicht und schwebt über dem Sterben

Du wirst mich an den steinernen Sitzkissen
vor der Hohen Schule in Ingolstadt auf einer Tafel
im Haus Dollstraße 10 und in meinem Garten
an der Heppstraße nahe der Donau erzählen hören
über meinen Streit mit dem Leben

Mein Wort wird in lebendigen Mündern austrocknen
meine Bücher werden aus mancher Bibliothek entfernt
an entlegenen Orten irgendwann auferstehen
unter einer russischen Ikone hymnisch gefeiert
und einen schwarzen Klavierspieler begleiten

Aber das ist alles nichts
gegen das Gegenwärtige den sich krümmenden
Schmerz welcher Nachricht gibt von mir
wie er in dein Herz eingreift
bis auch diese Melodie zum Stillstand kommt

Das unhaltbare Schweigen

Die sich verbrennenden
Leiber in eigener Glut
die das Gefäß austrinken
bis zur Neige wie der König in Thule:
„Die Augen täten ihm sinken“

die sich für einen andern opfern
berauscht vom erlebten Schmerz
die mit einem stürzen sinken ins Meer
wenn der Absprung nötig erscheint
um Freiheit und Liebe zu retten

seien mir gegrüßt – seien mir vielmals gegrüßt
hören Orpheus Gesang für Eurydike
der leise von fernen Schatten gespendet
geliebten Toten in hellen Kleidern
bei Ingeborg Bachmanns Versen aufsteigt

wo der Unvollendeten nicht mehr
nahte das einfache bezwingende Glück
war zu tief hinabgeglitten
nicht eingedrungen in die Steine
die sich im Wasser querstellten

Im Gespräch: Kleist und Henriette (Vogel)

Noch einmal geliebt Deinen Kopf nehme ich
für immer zwischen meine Hände
Was unzerstörbar durch Schnitt oder Stich
zu mir strömt erstaunlich Lied ohne Ende

Unwürdig wie ich vor dir knie
vermag deine Gunst nicht mehr zu fassen
Dein Telegramm dem Morgen Anmut lieh
ein körperloses Sein ich müßte hassen

Ich höre was du sagst: Liebe reizt zum Spiel
treibt Schaum auf dunkle Wellen nicht ehrgeizig eitel
verspotten andere das leidenschaftliche Gefühl:
selbstquälend verreißen sie uns den Scheitel!

Geliebter merkst du nicht der Verschwörer Lust?
Laß dich in flügelblaue Schatten ziehen
erfind mir eine Rose auf der Brust
mit ihr will ich im stillen warten glühen

Die Macht des Schicksals

Glauben daß alles leicht erzwingbar
Lebenswünsche erfüllbar seien nicht gesoftet
sich Kreuz und Bein übereinander schlagen ließen
wir kämen unaufgehalten übern Berg: Irrtum

Verwirrte Geister die Warntafel übersehen
die ein jähes Geschick hingestellt zweimal rot
unterstreicht den ernsten Zusammenhang: Kopf und Herz
Welt und Familie wie fernes Weh und Flötenkonzert

Rasten

Rasten unter uralten Bäumen heute
wie vor fünfzig Jahren Da sprach
die Erinnerung als würden Träume wahr:
Vater lag noch lebendig im Schatten
ich sitzend in der Sonne die Grabschrift
am Himmel lesbar über den Steinhübler Eichen
von Polen jetzt nach Kreuth unterwegs
blutige Fracht abladend in den Augen Ausruhn

Siebenhütten

Wir zählten die schweren Steinbrocken
auf dem Hüttendach eingedenk der Stürme hier
ein Glas Milch erklärte nach Tschernobyl
die Belastbarkeit des Mädchens nicht
im Hinblick auf die kommenden Regen:
Chiffren am Himmel

An die Sorglosen

Den Tau tropfen hören an sanften Morgen
Im Kunstwerk im Gedicht die künstliche Mutter
Geliebte auf dich an der Haustür am Fenster
warten sehen: ein Jubel bricht los!
Abgelebte Figuren verdächtigen dich einer Handlung
gönnen dir den Eros nicht gültiges Fremdwort
nurmehr Sex jenes verteufelt wie eine vom
Aussterben
bedrohte Rasse Lemuren stellen Wegweiser auf

Gewaltsam Geschichte schreibend die Mächtigen
welche den mehrheitlichen Volkswillen mißachten
oder das Gegenteil vom Bescheidwissen behaupten –
wie den Ekel auf politische Schamlosigkeit darstellen?
Wohler atmet der Mensch im Blick
auf den Repräsentanten im Staat läßt hoffen
sein Wort unabhängig in der Nähe der Philosophen
daß Freiheit und Würde kein verlogenes Glück

Der große Klagelaut immer von neuem die Form aufbricht
von der Gnade einer spießigen Beamtenseele nicht abhängt
verknüpft mit dem Liedgut des Volks dem wehen Blut
Verfemter
das sich von Mythen und Religion an den Rändern nährt

in verstreuter Zeit mattgesetzt der Idylle mißtrauend
mancher Wandrer Ungehorsame in die Irre
getrieben jegliche Kreatur leidend trotz Schönheit
geängstigt von schwärzerer Nacht ohne Sterne

Hinter uns

Wir werden gehabt haben ein Leben
die Rose den Apfel den Brief
Melenas Enttäuschung über Kafkas Verweigern
die Idee von einem Baum Traum Echo auf das Wort
den Eisbach die Schlucht die Wolke
zusammengefaßt auf Bildern Caspar David Friedrichs
den Kopf in den Sand der Wüste
die Algen im Seewasser Blutegel Fluß und Fische
die Schwierigkeit um Zärtlichkeit zu bitten
im Helldunkel Mond Sterne und Götter
in rauschhafter Höhe Jugend und Alter
die giftige Schlange zerbrochne Flügel am Boden
Wind und Regen vier Jahreszeiten Sonne Meer
die Gebotstafeln Mose auf dem Berg Sinai
und deren Überwindung durch Jesus Bergpredigt
Hochzeit und Tod Krieg und Tanz um das goldene Kalb
wir werden von der Physiognomie des Mörders
ergriffen worden sein und den Feuerstoß
der heranschwebenden Rächerin geahnt haben
Vergil wird uns Dauer verleihen
durch die Lehre vom Abstand
wenn das Alphabet im Mund zerbricht

Beweislast

Nun sage nicht es gäbe keine Not
die Hände durchschlagen mir zum Gruß
am Rücken und tausend Jahre ohne einen Kuß
wie soll das reichen bin ich tot?

Wieviele Lieder sind verrauscht
den Bach hinunter übern Steg
das Leid sucht sich denselben Weg
ganz stumm hab ich in dich gelauscht

Ein Seufzer lang

Ein Seufzer der Aphrodite
wie ein Spalt ihres Leibes
offen für den heißen Strom –
was vermag der trunkene Schiffer
gegen den Sturm ohne Ankerplatz?
Die weißen Vögel fliegen und glänzen
mit der Sonne im Bad der Wellen
kurz zu Besuch auf der Insel des Glücks –
könnten die Götter sich schöner zeigen
uns Irrenden finden im Gleichnis
nicht sagend: Breche der Kiel!
ehe wir in Rimbauds blauem Chaos stranden
zerstört von der strahlenden Wolke
traumlos im unbekümmerten Meer
treiben auf dem Wrack mit toten Fischen
wo sich der Liebenden Seufzer verlor

Schwedisches Exil

Es ist die nämliche Stunde
als Berthold Brecht am Fenster die Frühstücksmilch
von seiner Geliebten Ruth Berlau erwartete
da er am Produktivsten war
um nach 10 Uhr das Ergebnis
seiner Anstrengungen mit ihr
im Hause der Weigel zu genießen

Im Dreivierteltakt

Erzähl mir nichts: der Stolperton
verrät daß deine Liebe scheitern mußte
die schönen Gespenster im Arm flogen davon
der hohe Bogen zeigt dir die Verluste

Was du verfehlt die eigne Hand schlug fehl
das Lied der Seel zerspringen sollte
weil Eitelkeit zuvor an der Stell'
wo die Wirklichkeit ankommen wollte

(Auf ein Zeitungsgedicht)

Wahrnehmung

Imposante Erscheinung zu Lebzeiten Ruhm
auf Schlachtfeldern gegründet Herrscherallüren
Recht durch Macht gebeugt notfalls mehrere
Ideen als Geißel oder Sockel erfunden darauf
gebaut aus Eisenstahl-Beton gen Himmel
verstrebt unter Gefährdungen bevor sein Denkmal
ganz fertig stürzte es beim näher Hinsehen
im Auge auf historisches Pflaster herunter-
geholt Denkmalschutz gefordert rund um die Uhr
für die Gedankenwelt Zog daraus den Schluß:
Nur im Sturz nehme ich mich wahr Tote Hosen
die das nicht sehen wollen Meine Verehrung

Der verlorene Schuh

Du tröstest dich mit Silberlöffeln
herbem Weißwein
und leichtem Flirt
bei Popmusik zum Schein

Doch deine Traurigkeit muß bleiben
unverrückbar am alten Ort
die Mächtigen heut ach und die Scherben
sprechen nicht dein letztes Wort

In tiefern Wassern ruhig
berührt sich unser Sein
die Luft mag Flügel schenken
uns von dem Zwang befrein

Wir sind alle Realisten
lassen Irrtum und Zweifel zu
an der Hochzeit der Geliebten
der Bruder sucht den verlorenen Schuh

Uneitel

Wenn ich nicht dächte
zwei drei Augenpaare sehen mir zu
vier fünf Stimmen hören mich
zwei drei Herzen beben mit mir
vier fünf Gedanken ketten sich an meine:
fühlte ich die Welt kalt und verlassen
suchte ich kein Lächeln mehr
dem Kind einer Schönheit abzugewinnen
Mein Weg im Kreis wär schon ausgezirkelt
die Galgenvögel säßen auf dem Ast

Nach vierzig Jahren diese Wiederkehr

Ein Klingen an dem Morgen
romanhaft jung ich damals war!
Verwundet bis auf die Knochen
dichtete ich von der Pflugschar

von Vögeln Glocken Kolbenschlägen
verwarf die Zeit der Dunkelhaft
die Gewehre übern Berg geworfen
feierten wir erste Mutterschaft

Musik und Wiesenblumenzauber
alte Kunst Wissensdurst Reisepläne bunt
und frei heraus auf Abenteuer
wanderte ich mit Stock und Hund

Was ich damals litt und bangte
ärmlich von gestern und morgen hielt
findet im Erinnern kläglicher Jahresreste
sich heute stark und ungestüm: kein schöner Bild

Hinterglasmalerei

Die rote Fuchsie brennt
im Fensterglas verrückt
Du schaust einem schwarzen Mädchen
ins Gesicht Lächeln entzückt

Lehrreicher nie der Mensch erfährt
wie gut der Freie das Leben studiert
als wer mit der Fuchsie eingesperrt
weltabgewandt sich flammend verzehrt

Beweinung Jesu

Die Lampe klein und hell
beweinen Frauen einen Mann
der abgenommen vom Kreuz
mit gesenktem Kopf nicht mehr reden kann
So stumm gemacht die Liebe
die kalter Lehre spottet
wo sich die Macht erfrecht
den wandelnden Gott ausrottet

(Zu einer polnischen Schnitzgruppe)

IV

STRÖMUNGEN

Trompetenschall Denkerstirn und Lachen zuletzt
die Irren treiben gespenstisch auf den Wellen
Melancholie am Rande bis zur Verzweiflung gehetzt
und wir können der Gewalt nur Trotz entgegenstellen

Eltern – Bitterer Reis

Sie haben dich geschaffen nicht zum Hohn
Sie haben dich geschaffen nicht zum Töten
Sie haben dich geschaffen nicht zum Sterben
Sie haben dich geschaffen nicht zur Fron

Sie haben scharf auf deine Eigenart gesehen
und auf dem Felsen deine Furcht
Sie haben deinen heißen Zorn erlebt
nach jeder Kränkung im Zweikampf zu bestehen

So viele Worte Taten sind zerfetzt
bevor der Gram die Lippen aufeinander preßte
du hast geliebt gezeugt genährt ersonnen
sich der Erfolg an deinem Busen wetzt

Habt Dank noch die Kanaille liebt das Grün
taucht unter im Spektrum des Regenbogens
Habt Dank für das Kind gesorgt und schön
gestrauchelt liegt es ermattet am Boden

Entrümpelung

I Sieh ab von den Schatten
unter deinen Augen
ziehe die Falten deiner Haut
nicht länger in Betracht
zähle den Haarausfall das Grauwerden
über Ärger nicht mehr
finde dich ab mit dem Verkümmern der Lust
auf die natürlichen Bedürfnisse
Schopenhauers Trost
entrümple was du nicht unbedingt
zum Weiterleben brauchst den Rest
laß genug sein zum Überwintern

II Suche nicht immer wieder Unterschlupf
bei der Mutter
der alte graue Rock ist zerschlissen
gib ihn her
die neuen halten Bildungsgüter
für dich darunter bereit
fahre auf deiner selbstgebauten Eisenbahn
nicht endlos im Kreise herum
denke nicht wieder an eine Schlittenfahrt
mit deinen Kindern
gib alles weg wie Bausteine von Märchenbildern und
die Spiele in der Eckbank

III Eine Lächerlichkeit von dir auf
dem alten Fahrrad zu sitzen
gaukelst dir bloß falsche Jugend
und Frische im Augenblick vor
Du hast dich weiter einzustellen
auf die Verweigerung gleicher Rechte
lebst von der Einbildung lieblicher
Frauen als Schutzmaßnahme
ohne Erwiderung bist du als beinahe Namenloser

naturgemäß längst ein toter Mann
vor feindseligen Übergriffen aus der Deckung heraus
einer Art Doppelstrategie

IV nicht sicher wie Schwarzarbeiter oder Ausländer
am Platze vor Nachstellungen
Du solltest aufhören schöne Gemälde
zu malen von Reichtum und Glück
schade um die Farbenpalette
tausche sie in Schwarz-Weiß
Deine Kümmernisse sind nicht dieselben
wie die deiner Frau
du mußt einsehen lernen daß Haß und
Liebe nicht gleich haltbar sind
zwei Antworten gut und richtig
sein können wie keine von beiden

V was gesagt wird zur Begründung eines
unklaren Verhältnisses bei dir
Zerstöre die Requisiten durch
Wegschaffen aus dem Blickwinkel
soweit sie dich an frohe Taten
kühne Entwürfe und Träume erinnern
Die Gedichte allein hebe dir als Kronzeugen
der Zeit auf unbestechliche Wächter
damit deine Verluste und Täuschungen allzeit
überschaubar bleiben und WIRKLICH
wie die Göttin Phantasie bevor
auch die dir geraubt wird
am Ende der Vorstellung

Stichomantie

Den letzten Schimmer verloren
im Auge Hoffnung was heißt das?
Nicht mehr existent sein worin man lebt
nicht gesehen werden wo man aufblüht
nicht gelesen werden was man schreibt
nicht aufgeführt werden wovon Leben handelt
nicht mehr lieben dürfen was man liebte

So hat alles kommen müssen: die Verachtung
so war alles ausgeklügelt angelegt worden im Nihilismus
so spalteten sich die Geister bis zur Zerrüttung
Den Glauben an sich selbst verlieren
an die eigene Schrift und Schönheit
an Tritt und Blick hinauf im Leeren
verhallt sein Name umweht von fremden Lauten

Wer helfen möchte kommt zu spät mit der Wahrheit:
lieblos die Blume der Bach das Fenster
leer von Träumen ausgeträumt alle Träume
kein Traumpferd wartet mehr am Strand zum Ausritt
ein Wrack der Körper alles falsch gemacht einfältig
ungelenk seine Hand veraltet seine Gedanken
keine Form in seiner Kunst mehr unruhig unvollendet
formlos geht er unter in der Masse
der Banalität seiner Mörder des Menschenfeindes

Keine Umkehr mehr möglich keine neue Verheißung
kein Ausweg zwischen den gestellten Wänden
ergeben der Sinnlosigkeit der Zwietracht dem Mißtrauen
verachtet er die alten Gefühle und Vorstellungen

Gänsehaut vor Rosendüften

Die Eisblumen am Fenster wachsende Märchenfiguren
Mädchen mit Kettchen am Fuß setzt sich in die Nähe
ein Gorilla folgt jemandem auf das Klo des Lokals
ein Amerikaner sortiert Waren am Verkaufswagen #
die Bedienung spricht nett gebrochen Deutsch
Das Bier schmeckt gut was noch? Weltstadt west-östlicher
Divan
in der Mittagssonne an diesem 21. Augusttag Squash Racket
München liegt nicht hinter dem Kalvarienberg
die erztönigen Glocken sind noch lebendig reinen Herzens
nicht schon eingeschmolzen wie damals zum Schweigen
die Zeitungen berichten wie gewöhnlich über Mord
die fleißigen Leute fahren zur Arbeit (nach der Liebe)
Männer mit trainiertem Körper in deiner Umgebung
verfügen offenbar über viel Zeit und Beweglichkeit
treten unverkennbar überall pünktlich in Erscheinung
Gut wer jetzt klare Porträts zeichnen kann nach Indien reist
solange die Tinte läuft und nicht gefriert nach der
Rebenernte
die Linien für das Album keinerlei Hast verraten –
das Gedicht wäre zu schön für die Haut am Rücken my
Suleika daher nimm es fort

(# Smokes Drops Kaugummi Coca cola Snacks ff.
Alles im Verbund erhältlich)

Blindheit

Die Lippe zuckt
die Keule schwingt
die Antwort weg

Seht her laßt ab!
Was spaltet ihr
das späte Licht?

Der Wolf dringt
in die Herde ein
trinkt Schafsblut

Wer teilhat
an gerechter Wut
ist für Verräter dran

Was tastest du
mein Herz
die Wände ab nach Liebe?

Ein Blick könnte mich
aus der Irre führen
wärn die Augen nicht erblindet

Isolierung

Noch denkst du an dem Septembermorgen
all dein Schreiben gehe bachrunter verloren
deine Worte zögen wie der Wind durchs Tal
von Bergeshöhen frisch aufgerauht spurlos weg
und was die alten Augen verbittert
schmeckt den ungebetenen Gästen süß
noch reizt sie dein heiterer Gesang
doch rechnen sie daß dein Trompetenecho ausbleibt

Wie sich deine Brust hebt und senkt gegen Verleumdung
die Räder drehen gegen Intrige und Verschwörung
geht ein düstres Raunen durch die Reihen
bestimmter Kreise von wo keine Antwort kommt
Und du bläst den Staub von deinen Schuhen ins Objektive
und lüftest deine Kleider nach der Entfremdung
Es ist Zeit und Platz für tausend Lieben
sich nicht in der Streichholzschachtel zu verstecken

Irreführung

Die da waren groß und dick
mit Einfluß Geld den Krieg zu steuern
blieben unberührt am alten Ort
um das verführte Volk anzufeuern

Der Apparat mit Lügen überzog
das Land die tödlichen Waffen baute
die armen Landser fielen in den Sand
nach einer Logik vor der jedem graute

Wo falsche Frömmigkeit und Geld
sich einem Zweck verbinden
scheint auch der Mordbefehl erlaubt
und Fälschungen das Recht begründen

Es ist beinahe Frevel heute
die anonymen Mächte nicht zu sehen
die den Mythos mit Unrecht füllen
und drohend hinter dem Täter stehen

Spiegelung

Mir wachsen Anemonen bis zum Hals
schrecklich schön
und lebte ich ein zweites Mal
wäre mir nicht bang
um die Liebe
die mit jeder Zeile lautlos sinkt
nur das Licht sie widerspiegelt
und mein Mund sie trinkt
als öffnete sich ein anderer
in der Nähe

Ingeborg Bachmann nachziehend

Es gibt Stunden Tage und ein Fluch
daß wir die Erde begrüßen
wo wir leben aushalten müssen
und fliehen mit den Schwalben möchten
über Venedig Rom und Casablanca
wenn sich der bekannte Frost ankündigt
und unsere Einsamkeit wäre vorbei

Seilschaft am Berg

Ein Glücksfall die Liebe
der Entwurf eines Bildes
der Geliebten mit weichen Strichen Identität
Aus dem Abstraktum des Geistes und Konjunktiven
erlöste Materie leibfüllender Gipfelpunkt Sehnen
um im Kanon mit ihr zu singen: O Weltschöpfung
wir waren gerechte Kinder
die Gänseblümchen streuten
als abgehackte Hände noch nicht
zur rhetorischen Figur verkamen
Nun hängen wir gemeinsam am Seil
und sichern uns mit einsamen Griffen nach oben
Der Wunsch ist unser Ideal der Kunstgriff
Alles andere bleibt hinter uns zurück

Alkeste wird geschmückt dereinst

Warum webst du dich
in alle meine Stoffe ein?
Durchdringst die Farben Muster Wände
mit deinem Seufzer
und befestigst deine Einsamkeit in mir?
Alkeste sprich! Was ist los mit dir?

Gingest du am Anfang fort
beweint von Mann und Eltern aus dem Haus
in die fremde große Stadt
um deinen Träumen nurmehr zu leben
und eins zu sein mit dem Geliebten
den deine Phantasie mit Leidenschaft berührte?

Welcher Gott befahl dir in Hellas
so grausam die Unruhe des Herzens?
Und was erwartest du vom Äußersten
das dich ins Grenzenlose treibt
und wo du dahinschwebst dem Fernen nah
ohne Sicherheit wenn du verlierst?

Ein Dämon zu unbedingter Liebeslust
brockte dir das Leiden ein ach und
die Entgleisung auf der vermessenen Bahn
Allmächtiger wer bittet heute wie einst Herakles
von den Satyrn und bitter rechnenden Menschen
noch um deinen Schutz und glücklichen Zeitgewinn

Auf Widerruf

Mehr als siebenhundert Jahre
bestand das alte Schloß
gezackt gewölbt und hoch gestreckt
mitten in der Stadt und wahr
vom Licht gebrochen wie von Blut
getränkt der Boden ruhig fließt die Donau hin –

Gebrochen Blick Mund und Herz
Erde Wasser Mauern Tote zerreißen
wenn die Bombe ferngezündet darüber platzt
und siebenhundert Jahre in die Luft gesprengt
flammend niederfallen kein Tag keine Stunde mehr
im Klang der Hörner und Trompeten
an dem alten Gemäuer widerhallen bei meinem Lachen

Wie soll der Himmel die Auslöschung begreifen?
Ich versenk den Zettel mit der Schrift
hundert Fuß tief in ein Grab
(beeilend wegen möglicher Zensur)
weil oben vor der Wut des Computermenschen
nichts mehr sicher lebt und wacht und schläft

Und sollten auf den Widerruf einst
Echsen und Kannibalen das Land bevölkern
würden sie des Lesens und Staunens
dieser Kunst unkundig geschichtlich
nicht versiert im Turmbau zu Babel h i e r
doch kein Heil sehen was wie Gold im Auge glänzte:
der Herzogskasten

(Das alte Schloß zu Ingolstadt, Rentamt, Getreidespeicher,
Herzogskasten an der Reitschule, heute Marieluise Fleißer-
Bibliothek, um 1270 erwähnt)

Schopenhauernarr schreit es Spaßverderber

Mit Werten nicht mehr kommen heutzutage
keinen Honig mehr unters Volk keine Meierei mehr
Grübler und Zweifler auf der Strafbank politisch
Zersetzung auf der ganzen Linie maßlos
von Westen ostwärts ziehend orgelt die Bedrohung
durch den Äther ins finstere Zimmer Kastell
falsche Idylle Mittelalter Hokuspokus Apokalypse now!
Nonsens Kunst Philosophie Goodwill stop! Gewalttätig
alles für Profit und Macht Mammon ist Gott Eden Bach
der Rest Heuchelei Angstmache Ästhetik der Bombe
Hurerei mit der verkauften Menschlichkeit Wallstreet
Mit Werten nicht mehr kommen ohne Gedächtnis leben
zum Tempel hereinlassen die Fälscher Gassenschreier
Schweine
keine Lyrik mehr für reine Herzen möglich Lesbia
zerfetzte Seelen und gespaltene Leiber atonale Musik
heroische Neinsager Allesverneiner naturgemäß morbid
dem großen Schopenhauer verwandt Wittgensteins Neffen
größtem Narren und Weiberfeind gefleckter Hund
bittere Galle und Spucknapf haßdichte Zeile Amalie
Hände weg von Phantasie Spiel und Lichtenstern
erbarmungslos häßlich werden für das
bei dem erblindeten Ton meiner Blechtrompete
AMEN in der Liebe Wohlauf in Dekadenz / Das Narrenschiff
tanzt /
Rosalinde ich bin nicht zu knapp auf den Wellen

Der Pole

Stark wie Herkules
Knecht auf dem Hof

kriegsgefangen nach Deutschland
verschleppt wunderlich listig

dient der Bäuerin
stellt seinen Mann

deutscher Soldat im Ernteeinsatz
die Mistgabel zu schwer da

feindselige Augen spotten ihm
im Krieg für Nationalstolz

Kain oder Abel vor Unglück
bewahrt durch Flucht gegen Befehl

Unzeitgemäßes in Sachen Liebe

Ein Trauermarsch

Arm in Arm mit dir
aus dem Leben meine Liebe
ein alter kalter neuerlich unfaßbarer Satz
verloren behauptet erprobt nicht auf der Bühne
gespielt in Spiegeln fliehend die Gegenwelt

vor dem unauslöschlichen Siegel
zweier Münder golden und rot
im Herbstwindabendsonnenschein
ihre feuchte Wärme aushauchend
unbegreiflich lästerlich noch immer

Verrückte der Liebe zu Leibe rücken
tief innerlich auslöschen das Feuer
das um sich greifen wollte
niedergehalten abgeschirmt eingedämmt
nun zum Vorschein kommt in der Blässe

Wären sie doch nicht so voreilig gewesen
hätten sie gewartet auf den ersten Schnee
würden sie den Lachenden nicht entkommen sein
Warum sahen sie das Licht nicht schillern im Tunnel
und räumten sich freiwillig weg andern platzmachend?

Am Gleisdreieck

Kein Kopf für das Lesen
kein Bedarf an Büchern
kein Tiefgang für dunkle Gewässer
wo einer das Funkelnde heraufholen will
Für mich gültig nur was erkennbar
unter seinen Händen hervorgeht
leere Begriffe was nicht füllt
den Napf mit Salz die Dose mit Zucker

Schreiberexistenzen verkrachte elendige
sämtlich ungeheuer verrückt im Kopf
geschieden oder Hungerleider Säufer Fixer Perverse
ohne feste Bindung neugierig umherschwirrend
Die Zahlen der Erfolgreichen: vergoldete Handwäscherei
andere stehlen ihm die Show und die Preise
man sagt Glück hängt am Können na eben Poesie Blendung
Lebendige totgeschwiegen bringen Ärger ins Haus

Tippt tagnachtlang Gedachtes auf du mit der Welt
wartet auf Post aber immer abschlägig wie auf Kommando
nichts geht mehr in Druck öffentlich wegen was
Notabene ein Fremdwort er sollte das Schreiben lassen
Dem lieben Manne bleiben die Zweifel am Leben
hätte ich seine Entwicklung vorausgeahnt
einfache Dinge und Gespräche wünsch ich mir
über Kinder Dallas Krankheiten und neue Sachen

Die Langeweile macht ihn traurig sagt er hier
was bedeuten ihm bloß die Wörter?
Mehr als mein verdientes Glück im Alter
unsere Trennung früher wäre die Rettung gewesen
Die Literatur ist heute seine Geliebte denk ich
und staune nur und verstehe nichts davon
wenn mich ekelt muß ich schweigen oder fortlaufen
kann den Dichter als Mann nur leidend ertragen

Die Idee

Schamlos im Bett geboren La Bohème
aber auf Fahrt abgedrängt der Staatsstraße
zum Ausweichen gezwungen durch Terror
mein Arm niedergedrückt wiederholt in der Zeit
Bilderrätsel wie vor Knusperhäuschen
von einer Stelle gebannt kryptogen
mit Hauch von Gegenwart Glück und
Unglück in der Nähe findet mich eine Idee
rasch bei der Sache setze ich aufbegehrend
Leidenschaft gegen tote Seelen Rassel
Larven Wucher ein ohne LSD-Rausch
Unters Kopfkissen mit dem Kummer der Landstreicher
bei Kuscheltieren mit Westernspannung hier
Wozu ein Mann gut sein soll im Schlafzimmer

Auf ein Wort

Du sprichst nicht von dir
nenn daher mich

Den Tod deiner Mutter noch vor dir
beginne zu weinen mit mir

Bei aller Liebe kein Kind bekommen
wieviele wünschest du dir

Unter freiem Himmel schlafen auf ein Wort

(Auf ein Gedicht)

Rita

Die Wahrheit immer konkret wie eine Schaufel
Mehl beim Bäcker oder der Jongleur mit sieben
Bällen auffallend einsam saß sie inmitten
dem Trubel in der Residenz Pfälzer Weinstube
da nahm er Platz an ihrer Seite
dem Fremden zu der Zeit ohne Halt nur auf
eine Fußnote gestellt widerfuhr
eine selten schön klingende Stimme
und was sich dahinter birgt: zart gebildet
klug und federleicht im Umgangston heiter
vor allem aus Max Webers Schule kommend
öfter sogar zu einem Gelehrten nach Rottach
aber da selbst nie getroffen – so bahnte sich
stillheimlich eine Freundschaft an über
den Kummer der Liebenden erhaben freimütig
Wie öffentlich sind dagegen die Zerwürfnisse

Die emanzipierte Frauenrolle am Scheideweg

Totläuft sich die Liebe ohne Unterwerfung
englisch unterkühlt der Tonfall
Der Schnee knirscht unter den Füßen
Frage Antwort abgetötet durch Kränkung

Wohin mit der blumigen Ansprache?
Wohin streuen die Gefühle? Im Herzen
Feuer geschürt ausgetreten jetzt beim
Entbrannten geschmäht im Geschlechterkampf

Verschenkt das Schönste nach einem
Sonett von Shakespare: Lust die keinen Geist
kostet ein Köder der Wollust hervorbringt
erfüllt mit purem Weh Niedertracht im Spiel

Aktaufnahme

Schon bei Cäsar und Kleopatra
Schauplatz der Phantasie
schönste Vagina der Welt
Lippen ohne Unheil berührt
Geburtsort und Ort
der Lust Mörderwahn
und Götterbild
Paradies und Hölle
Aufstieg und Verfall
Sonne und Fäulnis
Kuß und Fluch
einzigartiges Teil
für Glück und Leid
unter den bekannten
mathematisch geographisch
bestimmbaren Teilen
eines rein naturwissenschaft-
lichen Ganzen wo Gott noch wohnt
und kein eitler Gockel gackert
der die Höhen und Tiefen metrisch zählt
keiner der den Strahlentod bündelt und plant
Bringt mir die Jugend im Alter bei
und widersetzt mich sturem Befehl

Paternoster was nottut

Du selbst mein Marcel was hast du vor?
Um welche Sonnenblume bereicherst du dein Reich noch?
Dir wird ein schöner Lohn zuteil wie gesagt wird
im Kusse der in deren Anblick liegt
dir wird das golden Haupt sich still verneigen
schattige Ruheplätze der unendlichen Fantasie –
doch daß du mir die Samenkerne nicht etwa kostest
denn sie sind wie mein Bruder sagte allein zur Zier
und Versuchung vor dich hingestellt um deine Zunge
zu lösen voll Anmut und Witz und gestisch!
O könntest du dem Spott und Neid entkommen
den dir die Vögel dies unartige Gefieder jubilierend
auserwählt-frech zum offenen Fenster hereinpfeifen
ach du wärest ohne falsche Schmeicheltöne
sicher nicht so ruhig auf deinem Platz zu halten
doch in deiner unbegrenzten weisen Milde zur Finsternis
leihest du den Spitzbuben Drosseln willig dein Ohr
naturgemäß um zuerst zu erfahren wie gemein
niederträchtig vernichtend man von dir denkt
und uns verkennt doch du weißt die Freunde zu schätzen
denk ich wie es die Bande verdient
(nihil prisci et integri moris)
Nur brich sie mir nicht gar entzwei
wenn sie Verbannte sind zu welkem Laub
Auch das wünsch ich zu wissen – haec quoque curo
auf der Wellenlänge Horazens nichts kann unsere
Leidenschaften
zwischen heut und morgen abkühlen o patria litterae!

Der Magier im „Club 2“ des ORF

Noch sind wir nicht eingeschaltet
meine Damen und Herren liebe Freunde
WIR sage ich vorsichtig im voraus zum Stil
müssen erstklassiges Theater bieten on Naturereignis quasi
ganz gleich was Literatur oder Bernhard Maria
Also gestatten Sie mir auf dem Bildschirm
daß ich rundheraus öfter launig platze
und mit Arm und Säbel haue und steche
was das Zeug in Wien hält lache herzhaft
als wären Sie allemal meine Freunde Blutsbrüder
nicht wahr? So ziehen wir eine Supershow auf
alle zierliche Kratzfüßigkeit zettelt nichts an
schafft keine Risse im Sack wo der Pfeffer wächst
Schlafsäcke braucht das Fernsehen nicht oblomowsche
schließlich ist unsere Zusammenkunft teuer erkauft
mit Schilling und Atomstrom und Wiener Gosch'n GENIES
kriegt a koaner genuag den richtigen Hasser auf die Couch
Hänge mir aber keiner nachher einen Prozeß auf
wenn er gebissen an mehreren Stellen gleichzeitig
blutet wie ein Schwein es muß sein das Opfer Freunde
hier und heute geht es wie immer um die Wurst die heiße
bei der Debatte um Literatur lyrische Kost unverdaulich
aber der höhere Zweck meine Herrschaften rechtfertigt
alles einverstanden Also immer hübsch nach der Reihe
und tanzen auf des Messers Schneide wie gesagt wird zum
Spiel
das macht heftig an und die Wiener Herzbuben gehörn uns
zu
Was wollen wir mehr? Zur Not den Nestroy ich fange an
mit der Bibel 1 Sam 16,17 bis 23 Karl Kraus und dem Herrn
Karl

Der Geiger Willi

Kein David hält die Geige
an seine Brust
ein Kind spielt in dem Manne
aus einsamer Lust

Er krümmt sich mit den Noten
fährt in sie hinein
mit Tönen die ihn rufen
verzaubert sein

Erstarrt sein Gesicht zur Maske
west ab sein Geist
flattert der leichte Körper
wohin Zeit verreist

Verlacht bewundert von den Tänzern
spielt er das Genie
ein Narr drückt seine heißen Tränen
geigend aus wie nie

Betrachtung eines Bildes

Kann Musik nicht machen
keine Noten schreiben
für Mutter und Kind
sie nicht bringen zum Lachen
mich aber einverleiben
wo sie begnadet sind

Rubens den Engel malte
der stellte Joseph dahinter
in Farben der Demut
Ein blonder Knabe radelte
vor die Tür da wars Winter
fuhr seiner Mutter Glut

Auf dem Bild die Blicke
aus Augen wie Träume
daran halte dich fest
und sammle die schweigenden Stücke
für später die blühenden Bäume
mit Musikalien ein Himmelsrest

Ruhe

Ich soll keinen Eichenbaum
in meinem Garten pflanzen
weil im Herbstwind die Blätter
auf den Rasenteppich fallen

Wie gern setzte ich den Laubbaum
vor mein Fenster und sähe
seinen Schatten mit dem Alter wachsen
breiter werden die Gestalt wenn ich gehe

Gedanken ließen sich an Zweigen
festmachen Kindheit Träume Liebe
doch ausgesprochene Ruhe fände
ich nicht hier an der Straße

Gräben aus dem Krieg

Jedes Gedicht ein leuchtender Graben
aus dem die Gefallenen aufstehn
um die Überlebenden zu sehn
durch die sie
ihr junges Leben eingebüßt haben

Wittgensteins Klinke

Wohl überlegt und griffig
mit allen Wassern gewaschen
durch Grammatik erklärte
Zeichen für Sprache
Wittgensteins Bilder
bildhafte Sprache
von quadratischen Kreisen

Steinhof
der Treffpunkt
für ermüdete Geister
bereichert durch des Philosophen
neuer Erfindung
der Klinke
spielerisch farbig dekorativ
gestaltet ein Augenblick Wahnsinn

Berauscht durch Sensationen

Virtuos gespielt mit Grazie
zart und schön ziehen
die Töne phantastisch
in die Höhe das Herz und weit weg
meine Zauberin gefährlich
dein Bogenstrich Zigeunerin der Musik
du weiß was du dabei anrichtest
Auf deiner Violine
laß uns fliehen
wir nehmen einen Flieger
in die Taiga am besten
dort allein spiel mir
von früh bis spät
Melodien bis zum Umfallen
vor Erschöpfung
und Liebe
die Saiten zerspringen
alles und immer virtuos
hinüber gerettet
zum Morgenrot
Überleg es dir reiflich Georgierin
auch daß mir Aphrodite nichts weiß

(An Liane Issakadse Violine)

Ob du wer bist

Zwei gerechte Stiefel
wenn sie richtig wollen
finden den Weg im Dunkeln
irgendwo beginnt das Paar
eine neue Richtung:
der Wegweiser wurde vertauscht

Die Stiefel sich verirren
in ein Labyrinth Echos wie
auf der Geisterbahn schrecken
und schreien mit flammenden Bildern
an der Wand alles zum Schein
für einen bestimmten Zweck
sinnlos sein

Dämme

Künstliche Dämme errichtet
die ISMEN zu feiern gleich morgen
den Überholvorgang beenden Blauäugig
gegen Dreschflegel gerannt liegen geblieben
liegend war der Sündenbock gefunden

Auf Lebenszeit kein ruhiger Platz
zum Überwintern bei Stürmen die Wetterfahne
draußen Losungen und Gebärden wiederkehrend
halten das Strömende nicht länger auf
unter den Brücken zu neuen Ufern
das Meer hinaus

Unverzeihlich

Nie mehr gut mit der Erde
das Exil war gemeint
das Beherrschen durch Isolierung
als die Rädchen geschmiert
Treibräder liefen nach oben

Nie mehr gut mit den Menschen
als der Regen vorüber nach Dürre
die neue Saat wieder wuchs
gute Nachricht zur Ernte reichte
war sein Zug abgefahren im Zorn

Waldesruh

Gut daß man nicht weiß
wer Rumpelstilzchen heißt
legt die Speise auf Eis
bis sie abkühlt und gleißt
im Teller beim Abendlicht
lange gekocht das Stück zerbeißt
der zahnlose Mund leis
Zeit für das letzte Gericht

Was die Hexenküche zaubert
bleibt verschlossen im Schrank
mit dem alten Besen zerstäubert
den Schmutz auf Großmutters Bank
die Perlen den Säuen versteckt
vorenthalten dem Zank und Gestank
mit stiller Wut nicht angeeckt
gesammeltes Schweigen froher Gesang

Zufall

Der Zufall zertrümmert das Gewachsene
du wirst erschüttert auf dem Ast von
dem staubigen Schutt an der Haustür bedrängt
Mitleid vom Zufall nicht in Rechnung gestellt
immer Herr seiner Situation schlägt
blindwütig unbarmherzig blutig gefühllos
was ihm zur Zerstörung bestens geeignet
wie das Gesetz nicht ohne Ausnahme
die Lebenden schützt vor dem Berühmten

Entspannung

Viel gedichtet über hohe Minne
wenig gedacht der guten alten Rinne
wenn sie ein Regen mit Lust füllt
unaufhaltsam bis sie überquillt
wie das Wetter Mädchen hält nicht inne
durch lange Nacht und Messer ungestillt

Seine Wunderkerze brennt hernieder
glüht ihr Docht aber immer wieder
draußen regnet's und das Geräusch
ihrer Seufzer auf die schlaffen Glieder
macht den Mann im Bett am Ende keusch
nach dem reichlichen Genuß von Fleisch

Nachlaßverwaltung

Meine Nachlaßverwalter sind zu bedauern
sie werden noch ihre Enkel einsetzen müssen
um all meine Materialien aufzutischen
und auf den Markt zu werfen peu a peu
die aus der Hinterlassenschaft hervorgehen
Vielleicht nimmt ihnen jemand die Mühe ab
nicht wie über mich verfügt wurde –
sondern aus Liebe zum Werk
einfühlsam mutig

Machiavelli an Botticelli in der Staatskanzlei (zu Florenz)

Du hast als Künstler zwei Möglichkeiten:
Entweder mit oder gegen uns
Trivialität verlangt ihren Preis
wie die Rebellion
Also entscheide dich für die Staatsreligion

(Zu dem Gemälde „Venus und Mars" von Botticelli um 1500;
zur Renaiccance in der National Gallery London)

Ciceros Ansprache
vor Heimatvertriebenen aus dem Osten

Ich weiß von euch Exilanten
bitter Unrecht und Hohn ist geschehen
gerechter Lohn zwar im Gastland
hier im sonnigen Süden aber
kein schöner Land als das Verlorene
wo eure Schaukel hing
wo ihr Kartoffelfeuer angezündet habt
die Jugend gezeigt den Vätern
die euch der Krieg entrissen
mit dem Blut und Boden alter Geschichte
aber niemand kann Heimatrecht rauben
kein Feind darf auf Dauer ein Volk vertreiben
wie es euch widerfahren trotz Zweifel
die Unbill der Frevel Männer und Frauen
Nur im Frieden können wir euer Recht
auf Rückkehr wieder herstellen glaubt mir
durch friedliche Begründung unserer Absichten
die neuen Besitzer beschwören zum Einlenken
daß sie eure alte Heimat freiwillig räumen
damit ihr mit Kindern und Kindeskindern
dorthin zurückkehren könnt wo eure Kultur
einst leuchtete über den Gräbern und Altären
von den ruhmreichen Vorfahren und Eroberern
Wollt ihr dorthin in die alte Heimat zurück?
Ich frage euch? Männer und Frauen von Thrakien
liebe Türken
Nein! schrie ein Chor lauter Stimmen
wir wollen im Exil bleiben haben Haus und Baum und
Viehzeug
uns geht es bestens schallt es in der Runde
vor dem neuen Rathaus zur Verblüffung des
Redners da sich seine Kunst als nichtig erweist
in wohlgesetzten lakonischen Sätzen Einmütigkeit
herzustellen

mit den Heimatvertriebenen im Lande
Ein unfrohes Scheitern meiner Mission großer Cäsar
mein Latein ist zwar vorbildlich aber bei den Fremden
stößt es auf taube Ohren sie fühlen sich hier wohl
Unser Krieg hat sie hergebracht
Nun werden wir sie nimmer los

Wolkenbildung um Kultur

Die dunkle Wolke ist kein Gerücht
von letzter Woche aus dem Kabinett

Mir hat sie heute die Freude genommen
aus dem Licht die Idee von Liberalitas

Wenn eine Wolke solchen Kalibers beschließt
ohne Anmeldung vor der Haustür zu halten

rutschen die Dinge leicht untern Tisch
jagen sich die Schwalben am Durchblick

bei der Beherrschung des Luftraums
beuteschnappend An Wolken bildete sich Hegel

(Am 30. 10. 1986)

Widerspruch

I

Erstarrt von Entsetzen Ekel nach dem Atomblitz
und Matthias Claudius Gedicht An den Mond
der Faun zu den Wäscherinnen am Fluß in der Frühe
die milchweiße Wäsche geschrubbt und hin und her
im Zeitvergehen Ausnüchtern auf einen Rausch Vatis
Hose zum Trocknen gehängt die roten Flecken heraus
gegen den Text vom Untergang flattert die Wäsche
im Wind der Zersetzung zuwider mein Lachen
dem Wahnsinn mit abseitiger Ruhe begegnet
aus dem Marsch der Geschichte niemand nichts lernt

> Wer macht uns denn auf den Kopf
> wo biegen sich die Balken zum Krachen
> wo die Tische mit belügenden Sachen
> wer zieht Helenas Unglück am Schopf?

II

Den rasenden Sokrates umarmen die Seerosen grün-weiß
und die Sonne versteht nicht mehr warum
sie ihre Strahlen aussenden durchdringen soll die Menschen
die nicht mehr frei denken nichts glauben können
ohne an ihrer Angst der Auslöschung weiter zu arbeiten
was am Ende ihrer Zerrissenheit nicht stattfindet
weil der Flieder im Garten die Liebe wieder blüht
und die Weltkatastrophe wiederholt verschoben wird
auf das Theater das die Abschreckung zeigt simpel
wie ein Slapstick des Todes wohin das Floß treibt

> Uns erscheinen die Bilder das Ego nicht neu
> wir wiederholen das Leben auf den Widerspruch
> uns bleibt der Wille zur Vorstellung der Wahrheit treu
> unser Wort sucht den Schoß vor dem bösen Fluch

III

Was hinter uns in der Zukunft liegt
sollten wir nicht mehr ausmalen
bezwingen die finsteren Mächte die Qualen
retten die Zunge den Vogel daß er fliegt

Eine Vision ach ist keine
wenn der Lebensraum vernichtet
alles kann fehlerfreundlich errichtet
Utopie sein zum Scheine

IV

Nur schaltet mir nicht das Denken aus
ihr wißt schon wer noch wohnt in dem Haus

Der das Licht vielleicht anknipst
nicht der Turm das Bett ist beschwipst

IDIOT-Spieler allesamt auf dem Totenfloß der
Zeitgeschichte
Einer leckt dem anderen le miel und sagt: Vernichte!

Die das hörten und das

Dazwischen Tschaikowsky
Das Summen des Windes über der Taiga
Viele kamen nicht mehr zurück
Daß wir nichts wissen
Reden wir nicht von harten Nüssen

Philharmonie

Aus dem Orchestergraben emporsteigend
im Glanz der Lampen und der goldenen Instrumente
ein Klingen und Tosen und Loben
vielstimmig gebrochen heiter in Fluß
durch den Beifall der Hände
tausendfach verbunden mit Beethovens
menschheitlicher Klage
mein Jubel mit dir festlich
aber klein dagegen –
wo sitzen die Dichter?

Kleiner Größenwahn

Ein Dichter sagte einmal von sich
er lese niemals vor einem Auditorium
in collegia obgleich Konkurrenz gesund
nicht fürchtend verschwieg er vornehm
dem anderen der just am selben Ort
auf einen Vorgänger traf triumphierend
daß er sich zu den Großen der Zunft zähle
nicht was sein Körpermaß ausmache 0
nein auf Lichtenbergs Witz fußend
exakt nach seines Geistes Kindern

Hutmacher

Ich ging ahnungslos zum Hutmacher der Stadt
und verlangte eine Paßform für meinen Kopf
Darauf er: Nein ich gebe meinen Beruf auf
Warum? wollte ich wissen der sei ehrenwert
Die Leute gehen lieber ohne Hut heute
bei der Kälte Daher kommt der Hutmacher
aus der Mode – Der Dichter übrigens auch
fügte ich als Schnörkel hinzu obgleich
ich mir einen jungen schwarzen Wertherhut wünschte

Gänsehaltung

Landwirten Agronomschülern und Anhängern
von römischer Geschichte seit Cäsars Legionen
bis zu den imperialistischen Mächten der Neuzeit
wird – falls ohne Job oder unausgebildet –
Gänsehaltung en gros empfohlen
Dabei ist auf zahlreiche Nachkommen
aus dem Geschlecht der Schnattertiere
als Warnrufer und Angstschreier vor Überfällen
wert zu legen Der Bedarf an Bewachungspersonal
für die Lager der US-Army im Lande
ist ansteigend Die neue Existenz scheint
auf längere Sicht durch das Federvieh gesichert

Abwurf vom Pferd

Delacroix's Reiterin überlebte
den Abwurf vom Pferd nicht
sie wählte statt des Fluges
vorn über den Kopf schauend
die Rückenpartie und landete
blindlings über die Kruppe fliegend
mit hochgespreizten Beinen
in einer Dunggrube wo sie ertrank
ohne sich verletzt zu haben beim Fallen
Mißgeschick

Blauer Luftballon

Ein blauer Luftballon
meiner Enkelin Christina
fällt mir heute in die Hände
verlassen lag er auf dem Balkon
und weinte ihr nach
wie ein einsamer Märchenprinz
seiner kleinen Freundin der Lüfte
Soll ich ihn platzen lassen?
Ich binde ihn fest
bis sie einmal wiederkommt
oder ihm die Luft früher ausgeht

Werbung

Nikotin schädigt bei jedem Zug
aus der Zigarette tausend Flimmerepithel
der Bronchien führt zu Atemnot Erstickung
Hinkebein und schwarzer Lunge in einem
Die Werbung weicht aus auf hitzeglühende Sahara
Streß über asiatischem Dschungel voller Gefahren
hält ihre Opfer durch Rauchen für kampferprobe Idioten
die heute noch auf Tiger- oder Elefantenjagd gehen

Seiner Herr werden

Der Bilderflut wie anders entkommen
immer so drängend als wenn bald etwas
zu Ende gedacht sein könnte
beim Erwerb meiner Gedichtbände beobachtet
nach jeder Lesung der Andrang in Tutzing
Erlangen Würzburg und zuletzt Lenting am Limes
überraschend der Beifall in barer Münze auch und
selbst Kollegen mit Gewicht am Stand schlagend
durch eine nicht hemdsärmelige Gesellschaft

Buchverleger gesucht

Ein Verleger wird gesucht
der am Rande des Oktoberfestes
den einzigartigen Mut aufbringt
einen gefesselten Prometheus zu befreien
und seine Ketten zur öffentlichen
Belustigung an den Pranger zu hängen
Der Mann spuckte Feuer (A questien: Is that a Guru?)

Marktstrategie

Das Herrenmagazin PLAYBOY (Mr. Hefners) lud mich
neulich zur freien ständigen Mitarbeit ein
unter der Bedingung: Ich müßte ledig sein
um den gestellten Anforderungen zu genügen rein optisch
Ich erklärte dann müßte ich mich zuerst scheiden
lassen Nein! schrie man eben das verstößt gegen
sittliche Normen des Hauses nur auf dem Papier
auszugsweise freizügige Damen ohne Gewähr anzubieten
zum Verkauf ihrer Haut ohne Konsequenz für die Ehe

Wandrer im Nachthemd

Zahme Entlein schwimmen auf dem Teich
der Wandrer im Nachthemd wirkt bleich
Vollmond kommt hervor
über Gipfel lauscht mein Ohr

Abbitte (Zweiter römischer Brief)

Mein Freund wie konnte ich dir
dem Dünnhäutigen Unrecht tun?
Es ist mir gelungen wie gesagt wird
dich wirklich zu beleidigen Sorry
ich bedauere aufrichtig und noch mehr
daß du nicht mein Freund sein wolltest
hättest du eine Geste gezeigt eine Matte
die mich hoffen ließ meine Existenz neben
der deinen zu erhalten wäre ich mit Ausfällen
gegen dich und dein Können nicht soweit
gegangen Aha sagst du darauf: Also
verschmähte Liebe! Ja mein Lieber nichts sonst
lieferte den Anlaß für meine Haßtiraden
da ich an eine Verschwörung gegen mich glaubte
in einer dir nacheifernden einflüsternden Sippschaft
So verfehlten wir uns früher immer deine Fittiche
bis zu dem Augenblick wo ich gerechter Himmel
auf dein Herz mit dem vergifteten Pfeil zielte
der dich in Aufruhr versetzte und in beachtlichen Zorn –
so aber geschah die Verwandlung die literarisch so
wünschenswerte mein Freund zum Guten was unser
Verhältnis
anlangt im Nachteil von Liebe aus Ärger über deinen
Hochmut
doch bin ich froh daß es dich in deinen Gedichten gibt
Deshalb verachte mich nicht hinterher noch
die Tücke hat sich in die Briefe von uns eingeschlichen
ein paar Probleme habe ich auch bei der Pflege
meines Narziß Arrivederci in Roma sag ich
wo die Kränze für die Nachwelt geflochten werden
ohne das breit gestreute Vorauswissen der Mafia
hierzulande

Störfälle

Kosmische Störungen führen
zur Verwirrung wie das Vieh
am Elektrozaun sensible Nervenfasern
erregt treiben leicht Schwarzseherei
Furchtsamkeit die Funken springen
über zum Wahnwitz machen Kants
Vernunft explosiv
andererseits
erzeugen Intrigen Überdruck
Kurzschluß im vegetativen System
wenn falsche Zweifel die Seele anfressen
verkabelt und steuerbar zum Konflikt führen
vor Ort wie Erpresser Zeichen setzen
um ihren Besuch zu unterstreichen
und jemand unter ihre Gewalt zu kriegen

Kronzeugenregelung

Der der dich heimlich beobachtet
und abhört dich unbemerkt nackt auszieht
kann dich manipulieren mit versteckter Kamera
durch Nachahmung verwandter Züge dein
gestriges Tun nachäffen täuschend Einfluß
auf dich nehmen dein Geheimnis
für Spott verkaufen oder dem Staatsanwalt

Dabei deinen Schmerz zu fassen kriegen
wie du dich aufbäumst gegen Gewalt
dein Gesicht entstellt sehen
über das einer Statue: Der ist ein Narr
wo Wut oder Liebe zerbricht an Intrigen

Jener kann dein Unterdrücker sein
deinen Schrei und dein Glück erklären
falsche Triumphe über vorgeschobene Gegner
provozieren beide ächten und zum Hahnenkampf
anfeuern um dafür seinen Kopf aus der Schlinge

im Nachklang sich schmeichelnd
und flötend in dein Ohr setzen
verwirren bis du merkst daß die Bisse
aber nicht die Liebesworte zählen (dürfen)
wie du namenlos verwüstet wirst im eigenen Land
deine Persönlichkeit hinsinkt in dem Staub

wo jeder Aufschwung im voraus heimlich
abgeblockt wird von dem der dich übernahm
und festgelegt hat im Staat so zu sein
für eine mögliche Abreise das Tickett bezahlt
das schmähliche Ende mit Habe die Ehre quittiert

Zu früh gelacht linksrechts

Jeder Reim ist Hohn
jede Strophenform grotesk
gegen das Chaos der Gefühle in mir
wenn die Zwischenträger der Macht
fremde Literaturagenten darüber wachen
wie Kleptomanen über Kaufhausdiebe
wie Roßtäuscher die Hochzeit feiern
Laß uns gut sein für was?

Parabel Diderots

Ich sehe beim besten Willen
keine Viertausender in Deutschland
mit denen ich es aufnehmen könnte
vereinzelt stehen starrköpfige Massive
in dieser Höhe aber jenseits der Grenzen
die überfliege ich venezianisch
wir feiern Maskenball die Königin der Nacht
und ich ihr Don Juan zum Schwanengesang

Ich Denis Diderot Sohn eines Messerschmieds
Besitzer einer rauchfarbigen Katze
Verfasser verschiedener Paradoxons
für die eingebildeten Kreise habe nie
meinen Fuß auf das Riesengebirge gesetzt
alles immer nur von unten gesehen wie mein Alter ego
sich am Hüttenbergwerk Oberschlesiens erschöpfte:
vierbändige Enzyklopedia über Land und Leute Valeskas

Freudlos

Gefüllt einmal die Schale mit meiner Nacht
und die Schüssel mit meinem Licht gefüllt
nehmt beide und hebt sie in die Höhe
wenn ich Orpheus besuche weiter unten
verstummt nurmehr Rauschen höre
jedes Ding unbenennbar an sich tot
doch badet im sprudelnden Bergquell Gott freudlos

Diktat

Warum erscheint ihr Name nicht wie früher?
Ihre Schriften von kühnem Glanz
dem kluger Sinn Flügel schenkt
sich aufzuschwingen daß der Hinkefuß
der Verhinderer beleidigt nachschaut
wem ihr Erscheinen Licht zuwirft
über seinen Schatten warum

Vorbeifliegen letztlich

Kurze Aufenthalte an alten Bahnhöfen
Wartesäle für Dichter und Philosophen
jede Minute rückt ein Zug ein und aus

Ihre Stirn mit einer Lotosblume
geschmückt auf der Fahrt nach Indien
der Reisebegleiter hat den Zug verfehlt

Später im Flieger vereint Erkenntnisse
über dem Meer das Blaue schauend
schäumende Weite Unendliches

angeschnallt am Fluggastsitz geschwinde
10 000 Fuß hohe Realität: Fallhöhe
in Wolkenschiebezonen Wind Eisiges

im Blindverkehr gegen Unbekannten
Ob sie vorbeifliegen mit dem Text?

Gegenliebe

Das rotbraune Laub gefärbt
nach dem Kalender hinter dem Schloß
das verschwimmende Mittagslicht auf Wolken
am Seeufer Wir schöpfen Verdacht
bei Rilkes Turm Baum und Gott
in der Nähe Nietzsches dem Kunstwahren
Was taten wir so begeistert? Wir
lösten Rätsel über das Sein und
den Engel der Elegien in furchtbarer Not
wie das Auto von der Bahn abkam
gegen den Baum raste weil der Engel
das Steuer ermüdet losließ und
den Gesang unterbrach zur Strafe
Wir hörten den Philosophen reden und
den Krach von zerquetschendem Eisenblech
das Blut der Fahrerin sahen wir nicht
um das Glockenzeichen zur Mahlzeit nicht
zu verpassen meine junge Begleiterin
studiert Theologie und sie wacht mit
ihrem Wissen wie ein Liebhaber des Schönen
ob ihr Gedanke auf Gegenliebe stößt
als würde sie auf einem Märchengrund wandeln
wie der Dichter in seinen höchsten Träumen

Nicht mehr so feierlich

Er war nicht besonders groß
er war nicht dick nicht alt
ein Handwerksmeister aus der Vorstadt
setzte sich den schwarzen Zylinder auf
zur Beerdigung eines Kameraden
im Cutaway mit grau-schwarz gestreifter Hose
marschiert er die Kirchstraße lang
die Schuhe gewienert von der Mutter
daß sich ihr Gesicht darin spiegeln konnte

So sehe ich ihn heute laufen
ein oder zweimal noch in der Woche
die Leute grüßen die sich zeigen
kein bedeutender Mann aber immerhin
einmalig auf der Welt: mein Vater
Doch alles was nach ihm kam
war nicht mehr so feierlich
wie sein Gang zum Friedhof
mit dem steifen glänzenden Zylinder

Drei Monate New Orleans

Man ist wieder wer
man ißt rohe Austern
in Halloween à la The Queen
und Mr. Rockefeller here
please ein paar Tröpfchen Zitrone
an Allerheiligen erheben sich die Toten
aus ihren Gräbern die Geisterarme
High-fidelity! my friend Horst
erzählt so schöne Märchen von der Plastik-
Industrie ich beneide ihn wohin er überall
fliegt welche Around-The-World-Pictures
er sammelt auch wo der W. Faulkner-Boy
vor ihm erschienen Ins Cafè Madelaine in N.O.
zieht es mich schon länger aber
allein mir gehört halb Bayern im schwarzen Paletot
außerdem fürchte ich Spinnen und Mäuse
auch Madame Filliou scheint mir nicht geheuer
mit ihrem Rudel Hunde bissige am Ende
an langer Leine einer feinen

Pastorale

Wenn ich guter Dinge war
stand mir der Sinn danach:
ich hielt sie lebendig
Wenn ich Ärger bekam
wollte ich ihn schnell loswerden:
ich verwandelte den Schuldigen
in einen Stachelbeerstrauch –
da wurde er sauer mein Hund
hob sein Bein öfter auch Vögel nisteten
sich ein aus den Eiern krochen Junge
der Gesang focht mich nicht an:
ich wußte woher er kam
alle Welt sollte es mir nachtun:
entzückt sein oder den Ärger abschaffen
auf verblüffende Weise für das Auge
die Gesundheit sich freuen
und nie ärgern länger
als eine Metamorphose dauert
Das erklärte schon William Carlos Williams
von größter Bedeutung für die ganze Nation

Der Mond in der Nacht

Mein Doldenrebenstrauch bald vierzig
Jahre alt blutrote Trauben
im Gedicht ziehen am Zaun
noch immer hoch aus dem Krieg
begriffen den singenden Mann auch
der Abendsonnenschein
läßt an Wiederkehr glauben
der Mond in der Nacht kann schaun

Noch zu Fuß

An Günter Eichs Hopfenstangen
den Abstand der Lebensspanne vermessen
seine Wohnung in der Holledau
noch zu Fuß vom Bahnhof
an den Pflanzengärten vorbei
zog Schlüsse aus dem Regen
sah Steingärten wachsen
machte Inventur rechtzeitig
schickte Maulwürfe aus
sein Zug fuhr schnell genug ab

Vorläufer

Ich setze Trakl – Benn – Eich für Lyrik
in die erste Zeile sehe Fackelträger
die Macht des Geldes hält sie nicht auf
die Revolution der Technik wird sie nicht auslöschen
der Mensch würde von Brot allein verkümmern
Die deutsche Staffel trug die Fackel vor mir her
ich nahm sie Eich beim Tode ab – wer nach mir?

Um Mitternacht

Sagten wir doch nichts dem Horcher
Um Mitternacht fahren viele Taxen
eilig ihre Gäste heim
Wohin? Nach Hause heißt es ferner
für einen Tag ein Jahr ein Leben
wer weiß wielange das rote
Warnlicht am Apparat brannte
manches Fenster glühend spätes Aufsein
die meisten dunkel zugezogen
der Mensch im Bett begraben
die fremden Autolichter stören nicht mehr
draußen funkelt noch ab und zu ein Stern
um Mitternacht spiegeln die Scheiben anders
Der Auftritt der Gespenster
sorgt für gespannte Beziehungen
Um Schlüsselgewalt und Würde
demonstrieren wir weiter für den Staat
der die Menschenrechte nicht schleifen läßt

Adlerflug

Hinter den dichten Zweigen des Buschwerks
werden wir die Liebenden nicht erkennen
Ich bin der Adler bei Halbmond gewesen
über der Brücke vor der Nacht
der Gleitflieger über deinem Hut
du hast den Kopf eingezogen
bist fortgelaufen davongestürmt
auf der anderen Uferseite
kamst du nicht an
da sagten die Leute: sie hätten dich laufen gesehen
die Grafik des Adlers darüber mit breiten Schwingen
der machte dir Angst vorm Abheben plötzlich

Lachen

Das Lachen das Lachen
kommt in der Natur nicht vor
die Natur ist nicht böse
ihr fehlt Verstand nicht das Ohr

Sie kann auch Schmerz empfinden
furchtsam die Peitsche spürn
aber das Lachen über die Quäler
das Lachen kann sie nicht führn

Wer sollte sich noch finden
wenn die Liebste nicht kommt
der Weg im Ernst abgeschnitten
statt Angst ein Lachen frommt

Wie Hand an sich legen
solange das Lachen reicht
die Narrheit zu ertragen
der Druck vom Opfer weicht

Moderne Tempelwächter

Alles oder nichts: Stil Fasson Preisfrage
wer vor dem Guckloch steht zum Schein
geprüft ob ehrenwert oder Ganove
mit Hurenbusen in Begleitung der geht
hochherzig in den modernen Tempel rein

Und der Tempelwächter vor dem Portal
in Seide sortiert das erdenkliche Publikum
nach Gunst und Laune von elf bis morgens vier
wenn der Herr Baron und sein Zweizentnermann
in die Kaukasische Stube kommen hintenherum

Nicht auf dem Berg erbaut aber mit Säulenreihen
vom Diskosound durchflutet bei süßem Rauch
Wer im Genuß versinkt in rotes Licht getaucht
gleitet tiefer ab durch Vorhänge und Stufen
säuft sich zur neuen Religion ein Loch in den Bauch

Der Name Tempel ist verkehrt kein heiliger Ort
der Zerstreuung hier trifft sich Flitter und Betrug
Geldadel und Juchhe das Seelenheil zerstört
tanzt alles um das goldene Kalb Who's who
dabei klirren die Ketten der Sklaven wer Halsschmuck trug

Etikette

Wer meine Tante Frieda unbedingt ärgern wollte
verletzte einige Tabus in ihrer Gegenwart
jeden Verstoß gegen die Regeln des Anstands
strafte sie stirnrunzelnd sträubend mit ihrer hohen Stimme
Erschien ich in ihrer Privatwohnung zum Englisch-
Unterricht: gemustert vom Schuh bis zum Scheitel
nicht eher über die Schwelle mit Diener wie verliebt
in den Neffen: bei laufender Nase ohne Schnupftuch:
Rotznase

Konnte schwarze Fingernägel nicht ausstehen
Nasenbohren Geldfragen Unglaublichsagen verboten
ließ sich nie das Wort abschneiden verbessern beim Apollon
hatte immer recht verlangte gestochen Hochdeutsch
dazwischen richtig betont auf Englisch Vokabeln aufsagen
Rilkes Tonhöhe von Ringelnatz mit acht Jahren
unterscheiden
sollte am Fremdwörterschatz zu höherer Bildung aufsteigen
den Knigge vom Taschengeld kaufen ihn gründlich
studieren

in der feinen Gesellschaft nicht rigoros erscheinen
bei der Begrüßung den Kopf verneigen warten
ob die geschmeichelte Dame ihre Hand gnädig reiche
niemals schütteln wie einen Pflaumenbaum
auf passende Garderobe achten Schlipsfarbe
Hosenlänge Haarschnitt Augenaufschlag kein Blinzeln
Naserümpfen bei verächtlich-ironischen Tönen
immer nur lächeln wie im fernen Osten zu allem

Ihres Lieblingsbruders Neffe war schwer erziehbar
ein Trotzkopf dem das Muß schon früh nicht behagte
Beim Essen korrigierte sie Schmatzen und Schlürfen
Gabel- und Messerhaltung das Zuhören beim
Tischgespräch

langsam lernte ich in die Fülle des Wohllauts einzu-
stimmen bei der Rede die wahre Meinung über den Partner
zu verbergen keine Eifersucht unter Damen
herauszufordern
nie länger als drei Minuten mit einer Fremden an der Bar

zu flirten wenn unbeobachtet auch näher heran später
rücken aber im großen und ganzen war die Tante Frieda
in Ordnung ein Single naturgemäß um Ehemänner
vornehmlich
anderen Frauen abzujagen ein prickelndes Vergnügen
auf der Zunge zu verspüren und im allgemeinen ein Engel
an Betragen öffentlich und sonntags in die Kirche
Nicht humorlos schenkte sie mir Ludwig Thomas
Bubenstreiche
daß mir im Umgang mit gehobenen Kreisen nichts
herausplatze

WIE DAS DA quasi von Wilhelm Busch dem Großwildjäger

Überlegenheit des Herzens

I
Zur Geburt eines Gedichts einladen
wie es sich herausschält aus der Gelegenheit
auf ein spontanes Ereignis der Reizung
meiner Sinne hin nach innen horchend
durch Umstände Zufälle aus Absichten
werden Chancen um gegen die Regeln
        zu rebellieren mit dem angeborenen
Charisma des Dichters
gegen das Schreckliche der ganz Ordentlichen

II
Im Vorfeld der Lüste kämpfen ohne System
und Theorie gegen die stupende Regelhaftigkeit
beim Tagesablauf
        gegen die anmaßenden Forderungen
des Partners nach Handarbeit Mitleid und Sicherheit
Was frühmorgens beginnt wenn die heitere

III
Scheibe der Sonne aus dem Osten heranrollt
da sollte man gegen die Sauberkeit der Stube
durch Spucken auf den Boden (wie ein alter Veroneser)
durch Verstellen der Nippsachen und künstlichen
Blumen zum Beispiel
        eine Revolte anführen
aus der Überlegenheit des Herzens Wünsche äußern

IV

Ort und Zeit günstig im privaten Bereich zwecks Übung
für irrationales Denken den ästhetischen Schock
um die festen Grundsätze des ethisch gefärbten Verlangens gegen alle Erwartung listig zu unterlaufen
in der kleinsten Zelle der Familie alles Mögliche
seiner Freiheit dienstbar machen
angewidert sich dem allgemeinen Weltverständnis zu opfern

V

Nicht länger Sklave vor seinem abenteuerlichen
Herzen sein wollen
den Gefühlsinnenraum durch imaginäre Spiegel erweitern
auf Kosten des öffentlich und traditionell festgelegten Brauchs
sich ein Doppelhaus für die zweite Vernunft einrichten
bis zur äußersten Verstiegenheit auf Ordnungsfanatiker antworten
die anarchische Leiter ans Fenster lehnen bei einer

VI

lockenden Frau einsteigen: dem Abenteuer des Lebens
sich dabei philosophisch orientieren
aus dem Rahmen fallen der bildsüchtigen Fernseh-Gesellschaft
den laufenden Werbespots entkommen der Einsamkeit
des Denkers schlicht Gute Nacht sagen und hinausgehen
vom Draußensein der Sterne profitieren
für die Länge eines Gedichts

Die Verlagsgründung

Als Autor sein eigener Verleger
sein perpetuum mobile besteigen:
typisch revolutionär auf scheele Reaktion
in der Branche alles unter einem Hut
König und Bettelmann Staub und Wolke
die Rolltreppe rauf und runter probiert
die Wörter im Kontext wohlfeil gesetzt
für scharfsichtige Augen feines Gehör
unter der Lupe bei Stimmgabel Fingerspitzen
ungeschützt liegend unter dem fatalen
Stück Himmel: Ich

eifere dem Erfinder des Rades verzweifelt nach
der im Kreis bewegten Scheibe zum Vorwärtskommen
tüchtig strampelnd für das Endspiel
um den Grünzweig wiederzusehen
über Wegehindernisse hinweg
die keinen Spaß verstehen
den Buchdruck im eigenen Verlag betreiben
nicht mit dem Narrenschiff sträflich untergehen
In Plundersweiler trifft sich der Autor
mit dem Verleger unter einem Dach
oder die Wege trennen sie auf
Nimmerwiedersehen

Das Narrenschiff schwankt

Nun haben wir ach die Möglichkeit verspielt
trocknen Fußes an Land zu gehen
Wo das Narrenschiff auch hält es wühlt
die See von tief unten kommt das Wehen

Der Himmel schien zum Träumen blau
wo wird die Nacht mit uns versinken
Lehren keine gezogen der gute Wille lau
es reizte das Geld der Spaß das Trinken

Märchenfiguren Blütenträume Kindheit wo?
Zeigt uns das Bild bei dem wütigen Grausen
Kein Ankerplatz frei das schöne Leben floh
bei den armen Kreaturen Ungeheuer hausen

Trompetenschall Denkerstirn und Lachen zuletzt
die Irren treiben gespenstisch auf den Wellen
Melancholie am Rande bis zur Verzweiflung gehetzt
und wir können der Gewalt nur Trotz entgegenstellen

Inhalt

Von diesen Gedichten standen – manchmal in einer früheren Fassung – die folgenden bereits in Zeitungen und Zeitschriften (wurden auch im Rundfunk gesendet). So sind erschienen

Begegnung mit Karl Krolow	ZET, Heidelberg 6/1974
Ich kann das nicht	im Berliner Tagesspiegel v. 9. 11. 78
	Nürnberger Blätter f. Literatur Okt. 78
Elternloses Mädchen	Schülerzeitung Scheiner Gymnasium 1947
Doldenrebenstrauch	„Aussaat“, Juli, 1948
Der Sämann	Donau Kurier 1946 u. Heilbronner Stimme
Juni	Donau Kurier Juni 46
Worüber der Tag vergeht	Donau Kurier vom 9. 2. 74
	Jahresring 1980/81
	Ingolstädter Texte Sondernummer 1978
Ingolstädter Bildwechsel	ZET, Heidelberg Juni 1974
	Jahresring 80/81
	Mindener Tagblatt 25. 10. 80
	Dt. Allg. Sonntagsblatt am 21. 11. 82
Unfähig zu trauern	Anthologie Im Bunker Bielefeld 1979
	Ingolstädter Lesebuch 83 u. Schanzer Journal 78
Zeitlos	Nürnberger Nachrichten am 3. 3. 80
	Donau Kurier am 17. 2. 73
Warten auf Regen	Jahresring 1978/79
	Südd. Zeitung am 24. 3. 79
Zehn Zeilen	Dt. Allg. Sonntagsblatt am 29. 10. 78
	Akzente Oktober 79
Ankommen	Jahresring 1978/79
	Regensburger (Mittelbay.) Zeitung 23. 12. 78
Noch reisen meine Wünsche	Akzente Oktober 79
	Anthologie „Vom süßen Tod“, Kerle Heidelb.
Aus der Reihe tanzen	Stuttgarter Zeitung am 10. 3. 79
Anthologie Bunker	Bielefeld April 79
Heimkehr	Nürnberger Nachrichten
Glücksfall	Südd. Zeitung v. 8. 3. 80
	Westfalen-Blatt Minden 25. 10. 80
Rückkehr nach Neisse	Dt. Allg. Sonntagsblatt 15. 4. 79
	Schlesien, Kunstzeitschrift I/79

Über aufgerissene Felder	Jahrbuch für Lyrik im Athenäum V. 1979
Vor acht	Akzente, Oktober 79
	Donau Kurier 9. 10. 78
	Schlesien II/84
Ferne Zeichen	Nürnberger Nachrichten 31. 1. 79
Menschen im Aufzug	Schlesien IV/81
Krankenschwestern	Jahrbuch für Lyrik 1979, Athenäum Verlag
Schneefall im April	Südd. Zeitung 2. Juni 84
Zugvögel	Frankfurter Hefte Mai 84
Kinderdrachen	Neisser Heimatblatt Sept. 83
Landschaftsbeschreibung	Jahrbuch der Lyrik 1979 im Claassen Verlag
Am Meeresrand	Stuttgarter Zeitung v. 26. 4. 80
	Jahrbuch für Lyrik 2/1980 im Athenäum V.
Flug München – Las Palmas	Südd. Zeitung v. 5. 1. 80
	Reihe des Bay. Schulfunks April 81
Die Brücke	Südd. Zeitung v. 3. 2. 79
Lesung in Erlangen	Nürnb. Nachrichten v. 27. 12. 79
Ich bezahle die Zeche	Anthol. Im Bunker Bielefeld April 79
Sagen und Zeichen	Dt. Allg. Sonntagsbl. 3. 1. 80
Nachtschläfer	Jahrbuch 1 bei Claassen Herbst 1979
	Hermannstraße 14 Oktober 79
	Klett-Verlag Stuttgart
Aus der Menge heraus	Nürnb. Blätter Ch. Meckel Herbst 78
Versprechen an die Muse	Dimension Univers. Texas I/82 engl./deutsch
	Jahresring 1980/81
	Schlesien Kunst III/80
	Südd. Zeitung in Satz gestellt 1981
Frauenhände	Schlesien I/81
Brief der Mutter	Neue Westfäl. Zeitung 24. 10. 80
Bahnfahrt 1977	Rowohlt (Born) Literaturmagazin 9 im Mai 78
Dunkelziffern	Nürnb. Nachrichten 19. 4. 79
Märzliche Ungestimmtheit	Nürnb. Blätter f. Liter. Herbst 78 (Hsg. Ch. Meckel)
Nun singt schon daß das Jahrhundert kracht:	Manuskripte Graz Nr. 68/1980
Sturmwarnung	Dt. Allg. Sonntagsblatt 2. 3. 80

Auf dem Marsch	Nürnb. Nachrichten 21. 3. 79 u. 4. 9. 78
Beifügung einer Harfe	Dt. Allg. Sonntagsblatt 3. 1. 82 Nürnb. Nachrichten 17. 3. 81
Bildersturz	Dt. Allg. Sonntagsbl. 21. 1. 79
Im Park	erscheint 1987 in Anthol.
Vorstellungen	Jahrbuch für Lyrik bei Claassen V. 1980
Mitreisender	Dt. A. Sonntagsbl. 3. 1. 82
Max Herrmann-Neisse	Schlesien Kunst I/85 u. Begegnung Anthol. Künstlergilde Esslingen Delp Verlag 1981
Der russische Mantel	Anthol. Europäischer Begegnungen Davids Verl. 1984
Namenlos	Schlesien Kunst I/86
Danksagung	Bay. Anthologie zur Freude, Rosenheimverl. 1985
Schweigen	Anthol. Im Bunker 1979
Befragt ihn nicht	Horen I/81 Anthol. Im Bunker 2, 1979
Am Ahornbaum	erscheint demnächst in Anthologie
Die Empörung	Dt. Allg. Sonntagsblatt 21. 11. 82
Ich komme womöglich durch	Jahrbuch für Lyrik i. Athenäum Verl. 1980
Ungewollt auf Reisen	Schanzer Journal Ingolstadt Nov. 78
Licht und Finsternis	wurde der Stadt München zur Eröffnung des Kulturzentrums Gasteig am 29. 10. 1985 gewidmet

Nach der obigen Veröffentlichung am 21. 11. 82 wurden kaum noch Gedichte veröffentlicht, von ganz wenigen Ausnahmen abgesehen.

Bei den Widmungsgedichten an Dichter bestanden persönliche Beziehungen wie Brieffreundschaften, so bei Elisabeth Langgässer im Jahre 1948, Günter Eich 1948 und Nicolas Born bis zu seinem Tode 1979, ferner mit Wolfgang Koeppen, Karl Krolow, Harald Hartung, Rainer Kunze u. a. heute noch oder stehen in Zusammenhang mit dem Werk.

Rudolf Langer, geboren 1923 in Neisse/Schlesien, lebt in Ingolstadt und München. Er erhielt für seine drei Gedichtbände drei Literaturpreise.

Dieses Exemplar trägt die Nr. 95

Rudolf Lange